宜居宜业
和美乡村建设
百问百答

龚　芳　李树君　杨　君　宋　玮　主编

中国农业出版社
农村读物出版社
北　京

U0687449

编写人员名单

主　　编：龚　芳　李树君　杨　君
　　　　　宋　玮
副 主 编：高　峰　付海英　赵雨辰
　　　　　魏蔷郦
参编人员：杨爱全　李艳姣　曹亦兵
　　　　　何　苗　辛　琳　聂雁蓉

在中国式现代化道路上，我们要建设什么样的乡村？党的二十大报告提出"建设宜居宜业和美乡村"。这一最新论断，为新时代新征程全面推进乡村振兴、加快推进农业农村现代化、建设农业强国指明前进方向，为我国乡村建设擘画出现代化新图景，充分顺应亿万农民对建设美好家园、过上美好生活的愿景和期盼。

新中国成立70多年来，党和国家始终高度重视乡村建设。新中国成立初期就提出建设"社会主义农村"，党的十六届五中全会提出建设"生产发展、生活富裕、乡风文明、村容整洁、管理民主"的社会主义新农村，再到提出建设天蓝、地绿、水净、安居、乐业、增收的"美丽乡村"，我国乡村建设取得辉煌成就，农村面貌焕然一新。党的十九大提出实施乡村振兴战略，总要求是"产业兴旺、生态宜居、乡风文明、治理有效、生活富裕"，把乡村建设提到前所未有的高度。对未来乡村的畅想从"美丽宜人、业兴人和的社会主义新乡村",到"宜居宜业美丽乡村",再到党的二十大报告提出的"宜居宜业和美乡村",始终对标建设"富强民主文明和谐美丽"社会主义现代化强国这一宏伟目标,发展思路一脉相承,内涵更加丰富、更加饱满,发展重点和主题更加鲜明。

本书针对"三农"基层工作者和广大农民朋友在宜居宜业和美乡村建设中可能遇到的问题,从"如何规划? 如何建设? 如何治理?"三个方面,精心梳理了100个问题,解答如何实现乡村产业兴旺、生态宜居、乡风文明、治理有效、生活富裕。以看得懂、用得上为目标,力争语言通俗易懂、图文并茂,同时穿插案例介绍、知识解答等内容,具有一定的实用性和指导性,为国家"三农"政策宣传、"三农"知识传播贡献一份力量。

书中不足之处在所难免,敬请广大读者批评指正。

编　者

2023 年 7 月

目录

前言

第三篇 如何治理?

第一篇　如何规划？

乡村建设，规划先行。规划是建设的前期工作、必要步骤，没有规划引领，易造成人力、物力、财力的浪费，也会影响乡村长远发展。编制好、实施好村庄规划，对于推进宜居宜业和美乡村建设至关重要。

一、村庄规划是什么？

1. 什么是"多规合一"实用性村庄规划？

村庄规划是国家规定的法定规划，属于国土空间规划"五级三类"体系中的详细规划。村庄规划范围为村域全部国土空间，可以以一个或几个行政村为单元编制。规划通过全盘考虑村庄土地利用、产业发展、居民点布局、人居环境整治、生态保护和历史文化传承等各方面因素，详细安排村域开发、保护、利用、修复等，为村庄未来发展制定系统、长远的计划。

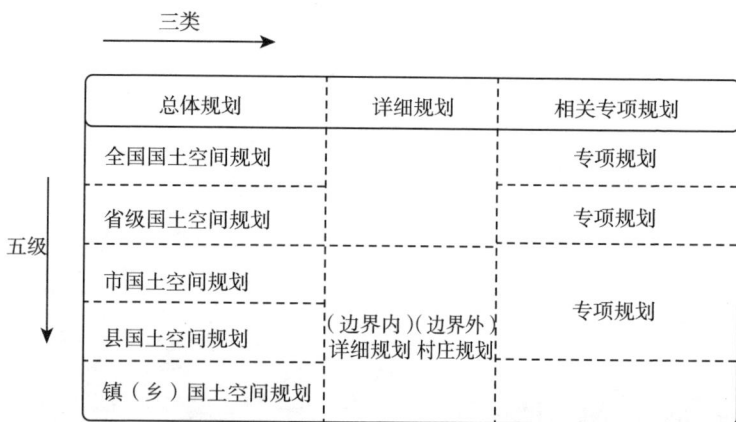

三类 →

	总体规划	详细规划	相关专项规划
五级 ↓	全国国土空间规划		专项规划
	省级国土空间规划		专项规划
	市国土空间规划	（边界内）（边界外）详细规划 村庄规划	专项规划
	县国土空间规划		
	镇（乡）国土空间规划		

国土空间总体规划是详细规划的依据、相关专项规划的基础；相关专项规划要互相协同，与详细规划做好衔接。

村庄规划应做到"多规合一"，要整合村庄土地利用规划、村庄建设规划、产业规划等，实现多规有机融合。突出综合性，注重对国土空间保护和利用的统筹与协调；讲究实用性，内容符合村庄发展需要、形式满足村民需求，达到"有用、好用、管用"。

2. 村庄规划成果有哪些内容、哪些表现形式？

根据《自然资源部办公厅关于加强村庄规划促进乡村振兴的通知》（自然资办发〔2019〕35号），村庄规划有九项任务，即"八统筹一明确"，详见下图。实践中，村庄规划内容一般包括规划范围与期限、规划依据、规划定位与目标、总体布局、重要国土空间规划安排、近期建设项目等方面。

一是统筹村庄发展目标

二是统筹生态保护修复

三是统筹耕地和永久基本农田保护

四是统筹历史文化传承与保护

五是统筹基础设施和基本公共服务布局

六是统筹产业发展空间

七是统筹农村住房布局

八是统筹村庄安全和防灾减灾

九是明确规划近期实施项目

为了满足不同群体使用需求，村庄规划成果一般有"报批备案版"与"村民公告版"两种形式。"报批备案版"面对的是政府管理端需求，便于实施行政管理行为，要求全面齐备，包括规划文本、附表、规划图件、数据库和附件。"村民公告版"面对村民端需求，要求简明易懂，一般包括图、表、说明或规则，让村民看得懂。如安徽省某村庄规划包括"两图一表一则（即村庄规划图、重点区域总平面图、近期建设工程项目

3

表和村庄规划管制规则)"。

某村庄规划"两图一表一则"

3. 编制村庄规划有何意义？

村庄规划作为村庄未来发展的任务书、路线图，是做好农村地区各项建设工作的基础，是各项建设管理工作的基本依据，对改变农村落后面貌，加强农村地区生产设施和生活服务设施、社会公益事业设施等各项建设的系统谋划，推进宜居宜业和美乡村建设具有重大意义。

村庄规划编制好处多

一是村庄开展各项开发保护、建设活动的法定依据，是用地审批和核发乡村建设规划许可证的依据（管理），是各项建设管理工作中的依据。

二是摸清家底、凝聚发展共识的过程。

三是村庄未来发展的蓝图和指引（利用、保护、整治），是村庄发展的任务书、路线图、明白纸。

二、怎么编制村庄规划？

4. 编制村庄规划有哪些程序？应遵循哪些法律法规、政策文件？

村庄规划编制一般包括工作准备、规划方案编制和规划成果审批等 3 个阶段。下图为安徽省村庄规划编制指南（2022 年版）中的村庄规划编制流程。

（1）**工作准备。**主要包括组织准备和技术准备。组织准备包括健全工作机制、确定规划编制单位、明确村民参与机制和村民动员培训。技术准备包括基础资料收集和工作底图准备。

（2）**规划方案编制。**首先要采用驻村调查、村民访谈、问卷调查等方式进行详细调查研究，摸清现状、找准问题、了解村民需求，再开始编制规划方案，方案编制过程中要与村民、土地经营者、相关企业、村委会等相关利益主体进行充分讨论沟通，形成优化规划方案。

（3）**规划成果审批。**规划方案要提交村民审议、自然资源和规划主管部门进行成果审查，通过审查后在村内公开栏和乡镇人民政府网络平台进行公示，公示期不少于30日，再由乡（镇）人民政府报县（市）人民政府审批，其中市辖区的村庄规划，报设区的市人民政府审批。编制主体收到规划批准之日起 20 日内，通过"上墙、上网"等多种方式公告并长期公开，并将规划数据库通过国土空间规划"一张图"实施监督信息系统逐级汇交至省级国土空间规划"一张图"进行统一管理。

村庄规划的编制依据包括法律法规、部门规章和政策性文件、技术标准和其他文件。

> **法律法规**
> ●《中华人民共和国土地管理法》；
> ●《中华人民共和国城乡规划法》；

- 《中华人民共和国环境保护法》;
- 《中华人民共和国土地管理法实施条例》;
- 《基本农田保护条例》;
- 其他与村庄规划与管理有关的法律法规文件。

部门规章及政策性文件

- 中共中央 国务院《关于实施乡村振兴战略的意见》（中发〔2018〕1号）;
- 中央农办 农业农村部 自然资源部 国家发展改革委 财政部《关于统筹推进村庄规划工作的意见》（农规发〔2019〕1号）;
- 中共中央 国务院《关于建立国土空间规划体系并监督实施的若干意见》（中发〔2019〕18号）;
- 中共中央办公厅 国务院办公厅印发《关于在国土空间规划中统筹划定落实三条控制线的指导意见》（2019年11月）;
- 自然资源部办公厅《关于加强村庄规划促进乡村振兴的通知》（自然资办发〔2019〕35号）;
- 其他与村庄规划及管理有关的国家、省级政策文件。

技术标准规范

- 《国土空间调查、规划、用途管制用地用海分类指南（试行）》（自然资源部，2020年）;
- 《村庄整治技术导则》（GB 50445—2019）;
- 《美丽乡村建设指南》（GBT 32000—2015）;
- 《社区生活圈规划技术指南》（TD/T 1062—2021）;
- 《基本农田划定技术规程》（TD/AT 1032—2011）;
- 《风景名胜区总体规划标准》（GB/T 50298—2018）;
- 《传统村落保护发展规划编制基本要求（试行）》（建村〔2013〕130号）;
- 其他与村庄规划及管理有关的国家、省级技术标准规范。

> 其他文件
> ●县、乡镇国土空间总体规划等上位规划。

5. 村庄规划编制责任主体是谁？哪些机构可以编制村庄规划？

村庄规划的编制责任主体为乡镇人民政府，由县市级党委政府主要领导负总责，自然资源主管部门牵头、多部门协同，由乡镇人民政府、村党组织和村民委员会主导、村民参与，专业规划编制力量支撑。规划可以自行编制，也可以委托编制。

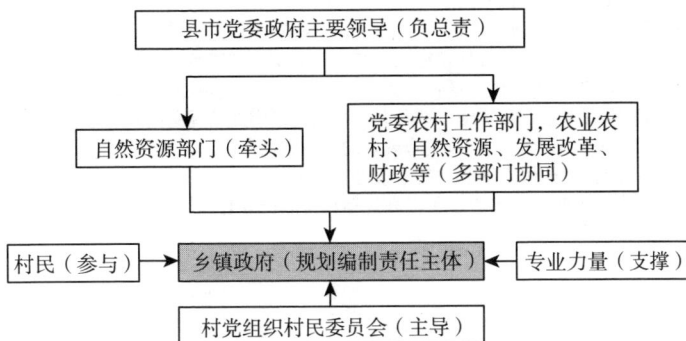

目前，自然资源部正在研究出台新的规划编制资质管理规定，对承担国土空间规划编制工作的单位资质暂不作强制要求。乡镇人民政府可委托大专院校和规划设计机构下乡提供服务，利用好规划师下乡驻村、驻镇规划师制度，引导熟悉当地情况的乡贤、能人积极参与村庄规划编制。支持投资乡村建设的企业积极参与村庄规划工作，探索规划、建设、运营一体化。

近年来，随着乡村建设需求逐渐旺盛，一些具有城乡规划、建筑设计、土木工程、给排水等相关专业背景的专业技术人员，开始从事乡村规划、设计工作，有乡村规划师、乡村建筑师、乡村设计师、乡村工程师等，有效解决了村庄规划建设专业技术力量不足的问题。

成都市人民政府关于印发成都市乡村规划师管理办法的通知（成府发〔2020〕32号）：

乡村规划师是由区（市）县政府（管委会）聘任并派驻各镇的规划和自然资源技术负责人，具有七项职责：

（1）负责就城镇发展定位、整体布局、规划思路及实施措施等向镇政府提出意见与建议；参与镇政府涉及规划建设事务的研究决策；

（2）协助镇政府组织编制镇国土空间规划、村规划，对规划编制成果进行技术把关；协助区（市）县规划和自然资源主管部门片区所对派驻镇提供规划和自然资源管理技术服务；

（3）深入乡村调查研究，执行技术标准、规范和规程，对镇、村区域内建设项目的规划和设计方案进行技术把关，结合地方实际塑造乡村特色；

（4）对镇、村内规划建设项目的实施情况进行全过程跟踪与指导，确保建设项目按照批准的规划方案实施，并及时将规划建设实施情况向镇政府报告；

（5）参与土地综合整治项目实施规划的立项方案论证并出具立项初审意见，参与土地综合整治项目实施规划的验收等相关工作；

（6）负责向镇政府提出改进和提高规划和自然资源管理的工作建议意见；

（7）其他规划和自然资源管理事务。

6. 村民如何参与规划编制？

树立村民的主人翁意识，全程参与村庄规划编制，共谋、共建、共管、共享美丽乡村、美好家园。

调查研究阶段：村民当好需求的"提供者"。在方案编制调查研究阶段，村庄规划编制组会开展驻村调研、逐户走访，详细了解村庄发展历史脉络、文化背景和人文风情，充分听取村民诉求。村民要畅所欲言，提出生产、生活中急需解决的短板问题，并为村庄未来发展建言献策，形成发展需求清单。

方案比选阶段：村民当好方案的"选择者"。村庄规划编制组提出规划初步方案后，村民要积极参与方案比选，从村庄发展目标、空间布局、近期重点项目等多方面进行比较，选择出体现村庄特色、体现实际需求的规划方案。

成果审批阶段：村民当好"表决者"。编制完成后的规划成果，按照村党组织提议、村"两委"商议、党员大会审议、村民代表会议或村民会议决议的程序，进行审议、表决，会议表决通过后，在村内公示 30 日。村民要积极认真行使自己的"审议表决权"，确保形成村民集体认同的规划成果。

规划实施阶段：村民当好"执行者"。规划的关键是实施，经过之前的全程参与，村民充分了解了村庄规划的重要性和必要性。在后续的实施过程中，村民要以规划为引领，变"要我做"为"我要做"，以更加积极主动的姿态参与耕地保护、产业集聚、土地流转、乡村建设、乡村环境风貌治理等方面的工作，做好规划实施的"执行者"。

三、 怎么实施村庄规划？

7. 如何加强村庄规划实施监督管理？

村庄规划实施得怎么样，县、乡镇人民政府及村委会有监督管理的职能，应积极推动督促规划落实落地。

以《河南省村庄规划编制和实施规定》（2022 年）为例：

◆县级以上人民政府及其自然资源部门应当加强对村庄规划编制、实施的监督检查，采取核查资料、现场检查、设立举报电话、受理投诉举报等方式，及时发现并依法纠正违法不当行为。监督检查情况和处理结果应当依法公开，供公众查阅和监督。

◆ 乡镇人民政府应当加强对村庄规划实施的日常监管和巡查，利用网格化、智能化监控手段，及时发现并依法制止违反村庄规划的行为。鼓励乡镇人民政府通过发放宣传材料、现场宣讲等形式和广播、网络等途径加强对村庄规划实施的宣传教育，引导村民参与规划实施。

◆ 村民委员会应当协助乡镇人民政府做好村庄规划的相关工作，对违反村庄规划的行为予以劝阻并及时向乡镇人民政府或者县级人民政府自然资源部门报告。

8. 村庄建设项目如何落地？

村庄规划批准后，应及时纳入国土空间规划"一张图"实施监督信息系统，作为用地审批和核发乡村建设规划许可证的依据；不单独编制村庄规划的，可依据县、乡镇国土空间总体规划的相关要求，进行用地审批和核发乡村建设规划许可。

在乡、村庄规划区内进行乡村企业、乡村公共设施和公益事业建设的，建设单位或者个人向乡镇人民政府提出申请，由乡镇人民政府报市、县人民政府城乡规划主管部门核发乡村建设规划许可证。

在乡、村庄规划区内进行乡村企业、乡村公共设施和公益事业建设以及农村村民住宅建设，不得占用农用地；确需占用农用地的，应当依照《中华人民共和国土地管理法》有关规定办理农用地转用审批手续后，由市、县人民政府城乡规划主管部门核发乡村建设规划许可证。建设单位或者个人在取得乡村建设规划许可证后，方可办理用地审批手续。

9. 村庄规划在规划实施期内可以修改调整吗？

村庄规划原则上以五年为周期开展实施评估，评估后确需调整的，按法定程序进行调整。上位规划调整的，村庄规划可按法定程序同步调整。在不突破约束性指标和管控底线的前提下，各地可探索村庄规划动态维护机制。

第二篇　如何建设？

宜居宜业和美乡村建设要兼顾乡村"硬件"与"软件",既谋划乡村产业发展、统筹基础设施和公共服务设施建设,还要加强农村精神文明建设,实现由表及里、形神兼备的全面提升。

一、 如何实现产业兴旺?

10. 粮食安全为何意义重大?

粮食是人民群众最基本的生活物资,更是关系国计民生的重要战略物资。粮食安全是指在任何时候,所有人都能买得到和买得起足够的、安全和营养的食物,以满足日常膳食需要和食物偏好,保证人们积极和健康的生活。悠悠万事,吃饭为大。"国以民为本,民以食为天",粮安天下安,粮食安全与社会和谐、政治稳定、经济持续发展息息相关。

为保障国家粮食安全和重要农产品有效供给,国务院于2017年提出要以永久基本农田为基础,划定粮食生产功能区和重要农产品生产保护区。截至2022年年底,全国累计划定了11.38亿亩[①],其中粮食生产功能区9亿亩、重要农产品生产保护区2.38亿亩,力争良田优先保粮食。

粮食生产功能区	重要农产品生产保护区
全国划定9亿亩	全国划定2.38亿亩
6亿亩用于稻麦生产	大豆生产保护区1亿亩
4.5亿亩为玉米生产功能区(含小麦和玉米复种区1.5亿亩)	棉花生产保护区3 500万亩
	油菜籽生产保护区7 000万亩
	糖料蔗生产保护区1 500万亩
	天然橡胶生产保护区1 800万亩

---

① 亩为非法定计量单位。15亩＝1公顷。——编者注

11. 粮食与食物有什么区别？什么是"大食物观"？

食物是大概念，是所有能为人类提供生存或从中摄取营养与能量的东西包括粮食；粮食是小概念，包括禾本科植物中的谷类作物，例如水稻、小麦、玉米、谷子、高粱、大麦、燕麦等，还有豆类和薯类。

树立大食物观是对传统"以粮为纲"观念的拓展升级，是"向耕地草原森林海洋、向植物动物微生物要热量、要蛋白，全方位多途径开发食物资源"的一种观念，是从更好满足人民美好生活需要出发，在确保粮食供给的同时，保障肉类、蔬菜、水果、水产品等各类食物有效供给。大食物观，基础是粮食，是在保障口粮的基础上，多渠道开发食物资源，让食物品类更加丰富、结构更加优化、品质更有保障。

12. 乡村产业是指什么？包括哪些？

乡村产业是指根植于县域，以农业农村资源为依托，以农民为主体，以农村一二三产业融合发展为路径，地域特色鲜明、创新创业活跃、业态类型丰富、利益联结紧密，是提升农业、繁荣农村、富裕农民的产业。主要包括现代种养业、乡土特色产业、乡村休闲旅游业、农产品加工流通业、乡村新型服务业、乡村信息产业等六大类产业。

现代种养业	·粮食、经饲、蔬菜等种植业 ·生猪、家禽、肉牛、肉羊、奶牛、水产等养殖业
乡土特色产业	·小宗类、多样性特色种养 ·乡村手工业、绿色建筑材料等乡土产业 ·传统工艺等乡土特色文化产业

| 乡村休闲旅游业 | ·休闲观光园区、乡村民宿、森林人家和康养基地等 |

| 农产品加工流通业 | ·农产品初加工、精深加工、废弃物综合利用等加工产业
·田头仓储、市场等流通产业 |

| 乡村新型服务业 | ·农资供应、土地托管、代耕代种、统防统治、烘干收储等农业生产性服务业
·批发零售、养老托幼、环境卫生等农村生活性服务业 |

| 乡村信息产业 | ·电子商务
·电商平台
·快递物流等 |

现代种养业与传统的农业含义类似，是利用动植物的生长发育规律利用现代化技术生产农产品。狭义上是指种养殖业，包括生产粮食作物、经济作物、饲料作物和绿肥等，获取粮食、水果蔬菜、饲料、食品原料等；饲养被人类驯化的飞禽走兽，获取动物肉、蛋奶、皮张、药材、绒丝等产品。广义上是指种植业、林业、畜牧业、渔业等产业。

乡土特色产业是指根植于农业农村特定资源环境，由当地农民主导，彰显地域特色、开发乡村价值、具有独特品质和小众类消费群体的产业，涵盖特色种养、特色食品、特色制造和特色手工业等产业。

乡土食品	传统工艺	特色文化
·卤制品、酱制品、腌制品、豆制品、腊味、民族特色奶制品等	·蜡染、编织、剪纸、刺绣、陶艺等	·乡村戏剧、曲艺、杂技杂耍、民族节庆等

乡村休闲旅游业是农业功能拓展、乡村价值发掘、业态类

型创新，横跨一二三产业、兼容乡村生产生活生态、融通工农城乡的综合性产业体系，包括发掘生态涵养产品，培育乡村文化产品，打造乡宿、乡游、乡食、乡购、乡娱等乡村休闲体验产品以及发展关联支撑的产业。

农产品加工流通业是连接农业生产和消费的桥梁，具有衔接供需、连接城乡、引导生产、促进消费的功能，包括农产品加工和流通两个方面。农产品加工是多元化开发、多层次利用农产品，实现多环节增值的过程。农产品流通是通过买卖的形式实现从农业生产领域到消费领域转移的一种经济活动，涵盖农产品的收购、运输、储存、销售等一系列环节，收购、销售环节大多数在田头市场、产地市场、集散地批发市场和销售地批发市场完成，运输储存环节主要克服时间和空间的阻碍，提供有效的、快速的农产品输送和保管等服务。

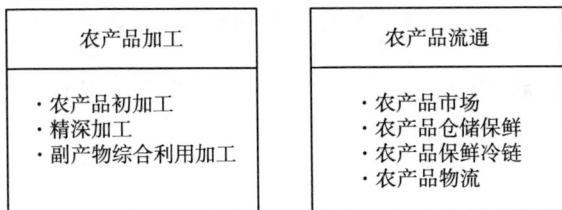

农产品加工	农产品流通
·农产品初加工 ·精深加工 ·副产物综合利用加工	·农产品市场 ·农产品仓储保鲜 ·农产品保鲜冷链 ·农产品物流

乡村新型服务业是适应新时代农村生产生活方式变化应运而生的产业，具有业态类型丰富、经营方式灵活、发展空间广阔等特点，包括生产性服务业和生活性服务业。**生产性服务业**是顺应农业生产规模化、标准化、机械化的趋势，供销、邮政、农民合作社、乡村企业以及大型农产品加工流通企业等市场主体将服务网点延伸到乡村，围绕农业生产开展服务。**生活性服务业**是顺应农村居民不断提升的生活需求，企业、合作社、个人等市场主体在乡村、集镇开设服务点，围绕农民生活开展服务。

乡村信息产业是现代通信技术和计算机技术在农村生产、

生产性服务业	生活性服务业
·农技推广、土地托管、代耕代种、烘干收储等农业生产性服务 ·市场信息、农资供应、农机作业及维修、农产品营销等综合配套服务	·乡村餐饮住宿、商超零售、美容美发、洗浴、照相、电器维修、再生资源回收等 ·养老护幼、卫生保洁、文化演出、体育健身、法律咨询、信息中介、典礼司仪等生活服务

生活和社会管理中的应用和推广。具体而言，包括乡村信息化基础设施建设，通过智慧水利，智慧电网等支撑着农业的生产和农民的生活，还有农业生产经营，从智慧农田、智慧牧场、智慧渔场到农村电商，均采用数字技术进行生产管理；同时，还可以对农业生产进行实时信息化监管，对农村面源污染全程监测等。

13. 农产品初加工是什么？如何申请开展农产品初加工？

农产品初加工是指以农产品或初制农产品为主要原料，通过不改变内在成分的处理过程，以及使用不超过两道工艺的加工过程而进行的生产活动。按照农业产业分为种植业类农产品初加工、畜牧业类农产品初加工、渔业类农产品初加工。

处理过程主要包括：除杂、清洗、脱出、分选分级（包括筛分）、研磨破碎、压榨、切分、分离、储藏保鲜、复配、干燥（不包括冷冻干燥和喷雾干燥）、冷冻、屠宰、灭酶、灭菌、粗滤、浓缩（干燥浓缩、蒸发浓缩、冷冻浓缩）、编织、包装（罐装）；

加工过程主要包括：熟制（蒸、煮、炸、烤、卤等，烘焙除外）、发酵、糖制、腌制、炮制、均质、调配、真空冷冻干燥或喷雾干燥、膜分离或吸收浓缩、精滤、萃取/分离、蒸馏、膨化、成型。

(一)种植业类农产品初加工

种植业类农产品包括粮食、林木产品、园艺植物、油料植物、糖料植物、茶叶、药用植物、纤维植物、热带和南亚热带作物。

(1) 粮食初级加工

小麦初级 加工	通过对小麦进行脱粒、清选、干燥、储藏等处理，得到能够延时储藏及便于后续加工的原料；通过对小麦进行清理、磨粉、分级等简单加工处理，制成的小麦面粉及各种专用粉、麸皮、麦糠、麦仁；小麦粉经过发酵、蒸制、炒制、烤制等简单加工处理制成馒头、包子、饺子、饼（馅饼）、面条、方便面饼、油茶面等 ＊烘焙类小麦制品不属于小麦初级加工
稻米初级 加工	通过对稻谷进行脱粒、清选、干燥、储藏等处理，得到能够延时储藏及便于后续加工的原料；通过对稻谷进行清理、脱壳、碾米（或不碾米）、干燥、分级等简单加工处理，制成的成品粮及其初制品，具体包括大米、碎米、稻壳、稻糠（砻糠、米糠和统糠）、蒸谷米、发芽糙米、留胚米等；大米经粉碎、蒸煮、挤压、干燥等简单加工处理生产的（方便）米饭、粥（含八宝粥）、米粉、米线等
玉米初级 加工	通过对玉米进行脱粒、清选、干燥、储藏等处理，得到能够延时储藏及便于后续加工的原料；通过对玉米籽粒进行清理、浸泡、粉碎、分离、脱水、干燥、分级等简单加工处理，生产的玉米粉、玉米片及其副产品等；鲜嫩玉米经筛选、脱皮、切粒、洗涤、压榨、速冻、分级等简单加工处理生产的鲜食玉米（速冻黏玉米、甜玉米、花色玉米、玉米籽粒、玉米汁）
薯类初级 加工	通过对薯类进行清理、分级、包装、储藏等处理，使其能够延时保质及形成初级产品；通过对马铃薯、甘薯、魔芋等薯类进行清洗、磋磨、切制、蒸制、烤制、干燥、冷冻等简单加工处理生产的薯粉、薯片、薯条、薯泥、薯干、变性淀粉以外的薯类淀粉、薯粉条等 ＊薯类淀粉生产企业需达到国家环保标准，且年产量在1万吨以上
食用豆类 初级加工	通过对大豆、绿豆、红小豆等食用豆类进行脱粒、清选、干燥、储藏等处理，得到能够延时储藏及便于后续加工的原料；通过对食用豆类进行清理、浸洗、晾晒、分级、粉碎、水煮、炒干、速冻等简单加工处理，制成的精选豆、豆面粉、黄豆芽、绿豆芽、豆粉、豆沙、冻豆；通过对豆类进行磨浆、煮浆、点浆、凝固等加工处理，制成豆浆、豆腐、豆干、豆皮、腐竹、豆渣等

（续）

（1）粮食初级加工	
其他类食品初级加工	通过对燕麦、荞麦、高粱、谷子、大麦、糯米、青稞、芝麻、核桃等杂粮进行脱粒、清选、干燥、储藏等处理，得到能够延时储藏及便于后续加工的原料；通过对前述杂粮进行砻谷、磨粉、轧片、蒸煮、冷却等简单加工处理，制成的燕麦米、燕麦粉、燕麦麸皮、燕麦片、荞麦米、荞麦面粉、小米、小米面粉、高粱米、高粱面粉、发芽大麦、糯米粉、青稞粉、芝麻粉、核桃粉、杂粮面条、馒头、饼等
（2）林木产品初级加工	
	通过将伐倒的乔木、竹（含活立木、竹）去枝、去梢、去皮、去叶、锯段、干燥等简单加工处理，制成的原木、原竹、锯材、木材单片等；通过对竹子进行断料、开竹、划条、起黄、蒸煮、编织等简单加工处理，制成竹制品；将杞柳、树木等植物的根、茎、叶等通过手工编织的制成产品
（3）园艺植物初级加工	
蔬菜初级加工	①将新鲜蔬菜通过清洗、挑选、去皮去核、切分、预冷、分级、包装等简单加工处理，制成净菜、切割蔬菜。②将新鲜蔬菜冻结，制成速冻蔬菜，如速冻青豆、速冻胡萝卜、速冻花椰菜、速冻芋头等。③将植物的根、茎、叶、花、果、种子和食用菌通过干制等加工处理，制成初制干菜，如黄花菜、玉兰片、萝卜干、冬菜、梅干菜、蒜片、大葱圈、红萝卜粒等。④将植物的根、茎、叶、花、果、种子和食用菌通过清洗、分选、干燥、研磨等处理，制成粉状或颗粒状产品，如胡萝卜粉，魔芋粉、辣椒粉、胡椒粉、辣椒颗粒等。⑤将新鲜蔬菜经过清选、泡制、腌制、发酵、晾晒等加工处理，制成泡菜、酸菜、榨菜、酱菜、糖蒜等。⑥将新鲜蔬菜糖渍、糖煮或撒放干糖，制成糖制蔬菜，如蔬菜脯、蜜饯等。⑦将新鲜蔬菜或食用菌经过调配（盐水或糖液）、灌装、杀菌等加工，制成蔬菜罐头，如蘑菇罐头、竹笋罐头、马蹄罐头。⑧将新鲜蔬菜清选、切分、压榨或打浆、浓缩、杀菌等加工后，制成各类半成品原料，如蔬菜原浆、原汁、浓缩浆、汁，蔬菜泥
果品初级加工	①将新鲜水果通过清选、打蜡、保鲜剂处理、预冷、包装等简单加工处理的鲜食水果。②将新鲜水果通过清选、去皮去核、切分、预冷、保鲜剂处理、分级、混配、包装等简单加工处理，制成鲜切水

（续）

（3）园艺植物初级加工

果品初级加工	果。③将新鲜水果或水果块、条、泥冻结制成速冻水果原料，如速冻蓝莓、速冻牛油果泥、速冻榴莲、速冻杨梅等。④将水果通过清选、分级、干制、研磨、包装等加工处理，制成的果干、粉状或颗粒状产品，如葡萄干、芒果干、猕猴桃干、冻干草莓干、蓝莓粉、杨梅粉、樱桃粉等。⑤将水果经过糖渍、糖煮或撒放干糖、干制，制成果脯。⑥将新鲜水果调配（盐水或糖液）、灌装、杀菌等加工，制成水果罐头。⑦将新鲜水果清选、切分、压榨或打浆、浓缩、杀菌等加工后，制成各类半成品原料，如果酱、果浆、果泥、浓缩果汁等。⑧将水果或坚果的果仁经过分离、干制、炒香等加工过程，制成的坚果、果仁，如杏仁、巴旦木、西瓜籽等
花卉及观赏植物初级加工	通过对观赏用、绿化及其他各种用途的花卉及植物进行保鲜、储藏、烘干、分级、包装等简单加工处理，制成的各类鲜花、干花、花茶

（4）油料植物初级加工

①通过对菜籽、花生、大豆、棉籽、葵花籽、蓖麻籽、芝麻、胡麻籽、茶籽、桐籽、橄榄、红花籽等油料进行脱粒、清选、干燥、储藏等处理，得到能够延时储藏及便于后续加工的原料；②通过对油料原料及米糠、玉米胚芽、小麦胚芽等粮食加工的副产品，进行清理、热炒、磨坯、压榨、过滤等简单加工处理，制成的植物毛油、饼粕。具体包括菜籽油、花生油、豆油、葵花油、蓖麻籽油、芝麻油、胡麻籽油、茶籽油、桐籽油、棉籽油、橄榄油、红花油、米糠油、玉米胚芽油等以及相应的油料饼粕。③通过对花生、葵花籽、芝麻等油料籽粒进行蒸煮、炒制、包装制成熟坚果制品等休闲食品，如五香花生、葵花瓜籽等

＊精炼植物油不属于初级加工

（5）糖料植物初级加工

通过对各种糖料植物，如甘蔗、甜菜、甜菊（又名甜叶菊）等，进行清选、切分、压榨、浓缩等简单加工处理，制成的初级原料产品，如红糖等

（6）茶叶初级加工

通过对茶树上采摘下来的鲜叶和嫩芽进行杀青（萎凋、摇青）、揉

（续）

(6) 茶叶初级加工	
	捻、发酵、烘干、粉碎、分级、包装等简单加工处理，制成的初制毛茶及产品 ＊精制茶、边销茶、紧压茶和掺兑各种药物的茶及茶饮料不属于初级加工范围
(7) 药用植物初级加工	
	通过对各种药用植物的根、茎、皮、叶、花、果实、种子等，进行清选、晾晒、切分、炮制等加工处理，制成的片、丝、块、段、饼、粉等中药材 ＊加工的各类中成药不属于初级加工范围
(8) 纤维植物初级加工	
	①棉花初级加工。通过轧花、剥绒等脱绒工序和梳棉等简单加工处理，制成的皮棉、短绒、棉籽、棉胎。②麻类初级加工。通过对各种麻类作物（大麻、黄麻、槿麻、苎麻、苘麻、亚麻、罗布麻、蕉麻、剑麻等）进行脱胶、抽丝等简单加工处理，制成的干（洗）麻、纱条、丝、绳。③蚕茧初级加工。通过烘干、杀蛹、缫丝、煮剥、拉丝等简单加工处理，制成的蚕、蛹、生丝（厂丝）、丝棉。④芦苇初级加工。通过清选、烘干、压扁、分片、杀菌、编织等简单加工处理，制成的席、帘、篮、笠、畚箕、扫帚、天然吸管。⑤传统手工艺品加工。通过对棉、麻、丝、木、竹、藤、棕、草等进行造型、模压、剪贴、干燥、编织等简单工艺加工处理，制成的天然植物类手工艺品
(9) 热带、南亚热带作物初级加工	
	通过对热带、南亚热带作物去除杂质、清洗、干燥、分级、碾磨、压榨、蒸馏、包装等简单加工处理，制成的初级原料。具体包括：植物精油、植物香精、天然橡胶（天然生胶和浓缩天然胶乳）、腰果仁、椰子制品（去壳椰子、椰子汁、椰子原浆、椰子油等）、生咖啡豆、生可可豆、胡椒籽、肉桂油、桉油、香茅油、木薯淀粉、木薯粉、木薯干片、坚果、桄榔粉

（二）畜牧业类农产品初加工

畜牧业类农产品包括畜禽类，饲料类和牧草类。其中畜禽类含肉、蛋、奶、皮、毛、蜂产品；饲料类含植物饲料、动物饲料、添加剂饲料、混合饲料。

（1）畜禽类初级加工

肉类初级加工	通过对畜禽类动物（包括各类牲畜、家禽和人工驯养、繁殖的野生动物以及其他经济动物）屠宰、分割、切块或切片、冷藏或冷冻、分级、包装等简单加工处理，制成的分割肉、保鲜肉、冷藏肉、冷冻肉、绞肉、肉块、肉片、肉丁、猪牛羊杂骨等。通过对原料肉进行滚揉、搅拌、调味或预加热、酱卤、腌腊、干制等加工处理，制成的调理肉、酱卤肉、腌腊肉（肠）、风干肉（肠）等肉制品
蛋类初级加工	通过对鲜蛋进行清洗、脱壳、干燥、分级、包装、冷藏、腌制、卤制、浸泡、表面处理等加工处理，制成的鲜蛋、冷藏蛋、蛋液、咸蛋、卤蛋、松花蛋、彩蛋、蛋类罐头等
奶类初级加工	通过对鲜奶进行净化、均质、离心分离、发酵、杀菌或灭菌、灌装等简单加工处理，制成的巴氏杀菌奶、超高温灭菌奶、原料稀奶油、初制奶酪、初制酸奶
皮类初级加工	通过对畜禽类动物皮张剥取、浸泡、刮里、晾干或熏干、修整、填充、缝制等简单加工处理，制成的生皮、生皮张、皮制手工艺制品
毛类初级加工	通过对畜禽类动物毛、绒或羽绒分级、去杂、清洗、干燥、修整、填充、缝制等简单加工处理，制成的洗净毛、洗净绒或羽绒、毛制手工艺制品
蜂产品初级加工	通过去杂、过滤、浓缩、熔化、磨碎、冷冻、包装简单加工处理，制成的蜂蜜、蜂王浆、蜂蜡、蜂胶、蜂花粉、王浆粉

＊肉类罐头、火腿肠、风味酸奶、精制奶酪、奶油、各种蜂产品口服液、胶囊不属于初级加工范围

（2）饲料类初级加工

植物类饲料初级加工	通过碾磨、破碎、压榨、干燥、酿制、发酵等简单加工处理，制成的饼粕、糠麸、糟渣、树叶粉

(续)

（2）饲料类初级加工	
动物类饲料初级加工	通过粉碎、干燥等简单加工处理，制成的鱼粉、虾粉、骨粉、肉粉、血粉、羽毛粉、乳清粉
添加剂类初级加工	通过粉碎、发酵、干燥等简单加工处理，制成的矿石粉、饲用酵母
混合饲料初级加工	由各类饲料原料经过简单加工复配而成的初级配合饲料

（3）牧草类初级加工	
	通过对牧草、牧草种子、农作物秸秆、壳、芯、核（种子）等，进行切割、干燥、打捆、粉碎、压块、成粒、分选、青贮、氨化、微化等简单加工处理，制成的干草、草捆、草粉、草块或草饼、草颗粒、牧草种子以及草皮、秸秆粉（块、粒）

（三）渔业类农产品初加工

渔业类农产品包括水生动物、水生植物。其中水生动物包括鱼、蟹、虾等，水生植物包括海带、紫菜等。

（1）水生动物初级加工	将水产动物（鱼、虾、蟹、鳖、贝、棘皮类、软体类、腔肠类、两栖类、海兽类动物等）整体或去头、去鳞（皮、壳）、去内脏、去骨（刺）、捣溃或切块、切片，经冰鲜、冷冻、冷藏等保鲜防腐处理、调理、熟制、腌腊、风干、发酵、包装等简单加工处理，制成的水产动物初制品
（2）水生植物初级加工	将水生植物（海带、裙带菜、紫菜、龙须菜、麒麟菜、江蓠、浒苔、羊栖菜、纯菜、螺旋藻、小球藻、莲藕、荸荠、芡实、茭白、菱角、石莼等）整体或去根、去皮、去边梢、切段，经热烫、冷冻、冷藏等保鲜防腐处理、包装等简单加工处理的初制品，以及整体或去根、去边梢、切段，经脱盐、粉碎（打浆）、晾晒、干燥、调味、包装等简单加工处理的加工制品

农民或者其他主体经营农产品初加工业，首先需要成立公司企业，然后去办理生产许可证。办理流程一般有企业申请等

5 个环节。

step1　企业申请
填写统一格式的申请表，同时提供企业相关证明等资料。
有关部门受理企业的申请，对符合条件的企业发放受理通知书。

现场审查　step2
由政府有关部门负责组织企业生产条件审查和封样，在受理申请后组织对生产条件进行审查并现场抽封样品。

step3　样品检验
申请取证的企业自行将样品送达指定的检验机构，检验机构在规定的期限内完成检验工作。

审定发证　step4
审定符合发证条件的，由国家颁发生产许可证，不符合条件的，政府有关部门将上报材料退回并告知企业。

step5　后续处理
对不符合条件的企业发出不合格通知书，收回受理通知书，通知企业进行整改。

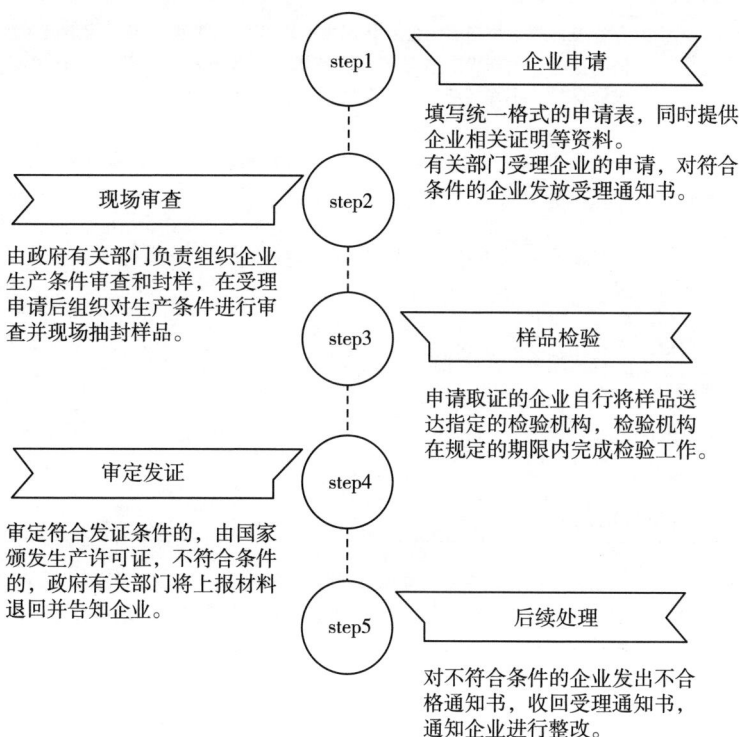

14. 农产品精深加工是什么？

"农产品精深加工"与"农产品初加工"概念相对应，农产品精深加工是在初加工基础上，将其营养成分、功能成分、活性物质和副产物等进行再次加工，实现精加工、深加工等多次增值，是延长农业产业链、提升价值链的关键环节。

（一）种植业类农产品精深加工

主要包括粮食精深加工、园艺植物精深加工和药用植物精深加工。

（1）粮食精深加工

小麦精深加工	各类糕点、烘焙、方便、休闲食品以及应用生物技术、超微技术、挤压技术、超临界二氧化碳萃取技术、高效分离技术等高新技术制成的谷粉、小麦胚芽油、小麦麸皮制品、谷胱甘肽等
稻谷精深加工	大米蛋白、多孔淀粉、高纯度大米淀粉、米乳、米糠健康食品、米糠多糖等
玉米精深加工	高果糖浆、玉米油、玉米蛋白饲料、谷粉、变性淀粉、休闲食品等
薯类精深加工	高果糖浆、变性淀粉、休闲食品等
其他类粮食精深加工	方便食品、休闲食品等

（2）园艺植物精深加工

果蔬精深加工	果仁、果壳、果皮、鲜果、籽等精深加工制成的果品饮料、果酒、油、精油、粉、蛋白等其他萃取物。应用生物机制、超微技术、挤压技术、超临界二氧化氮萃取技术、高效分离技术等高新技术制成的食品、药品和保健品等
花卉精深加工	花卉类植物经蒸、萃取等制成的露、精油、香料、香精等

（3）药用植物精深加工

	通过对各类药用植物（野生植物除外）的根、茎、皮、叶花、果实、种子等进行蒸、萃取等二次以上加工制成的饮料、口服液以及胶囊、片剂等中成药、民族医药品等

（二）畜牧业类农产品精深加工

主要包括肉类精深加工、奶类精深加工、蜂产品精深加工和其他精深加工。

(1) 肉类精深加工	通过对畜禽类动物经过加工的熟肉制品、罐头及其副产品加工品等
(2) 奶类精深加工	通过对鲜奶进行浓缩、发酵加工处理，制成的小包装奶粉、奶酪、奶油、奶疙瘩及酪蛋白等
(3) 蜂产品精深加工	通过对蜂蜜、蜂蜡、蜂胶、蜂花粉进行配制加工，制成的王浆粉、口服液、胶囊、饮料等
(4) 其他类精深加工	通过对禽畜骨、血及内脏等副产物综合利用制成的生物制品

（三）渔业类农产品精深加工

主要包括鱼肉精深加工、鱼下脚料精深加工。

(1) 鱼肉精深加工	对淡水鱼原料，经过一定的物理或化学工艺，制成鱼糜、鱼圆、鱼丸、鱼糕等系列鱼糜制品，鱼松、鱼脯、鱼排、鱼柳、罐头等休闲食品，或鱼肉蛋白粉等
(2) 鱼下脚料精深加工	经过一定的物理或化学工艺，将鱼头、鱼骨、鱼刺、鱼皮、鱼鳞、鱼内脏等下脚料，制成调味品、鱼羹、鱼膏、鱼粉、胶原蛋白等

15. 食品加工是什么？主食工业化是什么？预制菜是什么？

食品加工是指直接以农、林、牧、渔业产品为原料进行的谷物磨制、饲料加工、植物油和制糖加工、屠宰及肉类加工、水产品加工，以及薯类、蔬菜、水果和坚果等食品的加工活动。

主食工业化是指按照一定规范和标准，用机械化代替手工制作，用现代化科学技术改造提升传统主食品生产工艺，创造新型生产方式，形成的全新主食产业，是粮食加工业发展的趋势。

预制菜是以一种或多种农产品为主要原料，运用标准化流水作业，经预加工（如分切、搅拌、腌制、滚揉、成型、调味等），预烹调（如炒、炸、烤、煮、蒸等）制成，进行预包装的成品或半成品菜肴。

16. 农产品市场、仓储、保鲜冷链物流是什么？

农产品流通是通过买卖的形式实现从农业生产领域到消费领域转移的一种经济活动，涵盖农产品的收购、运输、储存、销售等一系列环节，包括农产品市场和农产品仓储、保鲜冷链物流。其中农产品市场包括农产品产地、集散地、销地的批发市场以及田头市场等；农产品仓储是指通过仓库对农产品进行存储和保管的过程；农产品保鲜冷链物流是指水果、蔬菜、肉类等物品在生产、储存、运输、销售及消费前始终处于规定的低温环境中，是保证物品质量和性能的系统工程，包括冷冻加工、冷冻贮藏、冷藏运输配送、冷冻销售四个方面组成。

17. 休闲农业与乡村旅游业是什么？可以开展哪些项目？

休闲农业与乡村旅游业包括休闲农业和乡村旅游两个方向。**休闲农业**是综合利用农村自然环境、田园景观、农业生产、农业经营、农耕文化、农业设施、农家生活等资源，为城市居民提供观光、休闲、体验等多项需求的农业经营活动。以农业为基础，以休闲为目的，以服务为手段，以城镇市民为对象，贯穿农村一、二、三产业，融合生产、生活和生态功能，紧密联结农业、农产品加工业、服务业的新型产业形态和新型消费业态。**乡村旅游**是指以旅游度假为目的，以村庄野外为空间，以人文无干扰、生态无破坏为宗旨，以游居、游玩、饮食为主的户外旅游形式，具有乡村性、自然体验性、生产性、融合性和多样性。休闲农业与乡村旅游业有观光型、休闲型、运动型、体验型（参与型）和求知型等各种形式，常见项目有农家乐、民宿、采摘，建设研学社等。

类型	内涵	典型模式
观光型	以绿色景观和田园风光为主题	观光农园、观光牧场、观光渔村、观光园、乡村公园
休闲型	依托自然优美的乡野风景、舒适怡人的清新气候、独特的地热温泉、环保生态的绿色空间，结合周围的田园景观和民俗文化，兴建一些休闲、娱乐设施，为游客提供休憩、度假、娱乐、餐饮、健身等服务	农家乐、渔家乐、休闲度假村、特色民宿
运动型	以乡村性为基础，乡村性与前沿性、时尚性和探索性相结合产生的新兴乡村旅游产品。主要销售对象是白领、自由职业者等年轻的创新型人群	漂流、自驾车乡村旅游、定向越野、野外拓展等
体验型	以体验乡村生活和农业生产过程为主要形式的旅游活动，同当地人共同参与农事活动、共同游戏娱乐、参与当地人的生活等，借以体验乡村生活或农业生产的过程与乐趣，并在体验的过程中获得知识、修养身心	酒庄旅游、林果采摘园
求知型	利用农业观光园、农业科技生态园、农业产品展览馆、农业博览园或博物馆，为游客提供了解农业历史、学习农业技术、增长农业知识的旅游活动	农业科技教育基地、观光休闲教育农业园、少儿教育农业基地、农业博览园
健康疗养型	强化乡村旅游产品的医疗保健功能，开发诸如温泉、体检、按摩、理疗等与健康相关的乡村度假项目	温泉旅游、散步远足、骑马
民俗文化型	以乡村民俗、乡村民族风情以及传统文化为主题，展示特定民俗文化、民族文化及乡土文化的乡村旅游	民俗文化村、乡村博物馆、传统村落

18. 什么是电子商务？什么是直播电商？

电子商务就是通过网络进行商务活动。与传统商务活动的明显区别在于，不需面对面、通过一手交钱一手交货的形式进行物品交易，而是通过网上商城、物流配送、网上支付等过程完成交易。电子商务常见的模式有三种，即 B2B、B2C、C2C，其中 B 代表企业、C 代表消费者。

B2B是企业间的网上交易	B2C是企业和消费者之间的网上交易	C2C是消费者和消费者之间的网上交易
·如阿里巴巴、慧聪网、环球资源	·如京东、天猫、当当、苏宁易购、唯品会等	·如淘宝、拼多多、闲鱼、瓜子二手车等

随着新信息技术的融入，新电商蓬勃兴起，新电商是以用户为中心，重新构建传统电子商务"人""物""场"之间联系的一种新的电商模式。新电商模式主要有三种：社交电商、社区团购、直播电商。

社交电商：是以消费者人际关系为着力点，基于人与人的分享裂变产生聚合效益，降低平台获客成本与服务成本。企业通过社交网站和在线媒体等渠道与消费者互动，从而销售产品。在这种模式中，消费者通过亲人、朋友、老师、亲戚、同学甚至邻居获得关于他们产品的信息，并且更有可能从熟人那里获得信任，从而更有可能购买产品。

社区团购：主要是预售模式，以小区为单位，招募社区团长，团长把小区里的邻居拉进一个社交群。团长在社交群发布团购商品，群成员通过小程序下单购买，团购平台根据订单量配送至小区团长处（家里或店里），之后再由社区团长通知群成员自提或送货上门。在流量上，社区团购的拉新是基于熟人关系，获客成本几乎为零。在物流上，集中送到站点，由团长完成最后一公里配送降低成本。在销售上，采用预售做到零库存。在品类上，主要以生鲜、奶制品、米面油粮、日化、洗护、美妆和服务类为主。

直播电商：将直播与电商相结合的新型营销手段，以直播的方式，进行商品的推销、销售，更加直观、全面地展示商品，主播对商品进行试用、讲解，可以激起消费者的购买欲，进而提升商品的销售额。短视频的兴起推动了直播电商的发展，主要有店铺直播模式、秒杀模式、达人带货模式以及基地走播模式等。

19. 种质资源、良种是什么？使用良种有哪些好处？

在自然界，所有生物都表现自身的遗传现象，它是生命延续和种族繁衍的保证。俗话说"种豆得豆，种瓜得瓜"，就是对遗传现象生动的描述，豆和瓜的繁衍就是由遗传物质决定的。**种质资源**又称遗传资源，是指生物体亲代传递给子代的遗传物质，它往往存在于特定品种之中，如古老的地方品种、新培育的推广品种、重要的遗传材料以及野生近缘植物，都属于种质资源的范围。**良种**指用常规原种繁殖的第一代至第三代和杂交种达到良种质量标准的种子，包括农作物良种、畜禽良种、水产良种等。

选育和推广良种是提高动植物产品产量、改进产品品质和提高经济效益的重要举措。以农作物为例，通过良种推广，可以增强农作物抗逆性、提高产量、改善产品品质、确保稳产、扩大栽培区域等。

提高产量	小麦抗锈病品种育成，获得大幅度增产
	杂交玉米比普通品种增产 20%～30%，有的可达 50%
	杂交水稻每亩可增产 100 千克以上
改善产品品质	陆地棉纤维长度可增加 2 毫米，品质提高一级
	优质玉米品种提高了籽粒蛋白质和赖氨酸含量，提升饲用价值
	各种鲜食玉米杂交种不仅提高玉米的品质，而且增加了玉米的适口性
	"三低"油菜品种的选育，使产品品质得到明显提高
确保稳产	矮秆水稻对台风暴雨引起水稻倒伏所造成的损失有所减轻
	四川绵阳系列小麦新品种，有效抵抗小麦条锈病的危害，在减少损失、提高产量上都有明显效果
扩大栽培区域	抗寒、早熟的优良粳稻品种，水稻在北纬 50 多度的地方种植成功且获得丰产
	小麦异源八倍的育成推广，适宜高寒、干旱、瘠薄山区以及某些盐碱地种植

20. 外来物种是什么？外来物种入侵有哪些危害？

外来物种是在自然和半自然的生态系统和生境中建立的种群。外来物种引入是指以人类为媒介，将物种、亚种或以下的分类单元（包括其所有可能存活、继而繁殖的部分、配子或繁殖体），转移到其（过去或现在的）自然分布范围及扩散潜力以外的地区，这种转移可以是国家内或国家间，分为有意引种和无意引种。中国从外地或国外引入优良品种有着悠久的历史，包括原产非洲的酸豆、芦荟，中亚的葡萄、紫苜蓿、石榴、红花等，还有甘薯、烟草及西番莲等。

只有当外来物种改变和危害本地生物多样性、破坏当地生态平衡时，才能被定义为外来入侵物种，其造成的危害就是外来物种入侵。我国是受外来物种入侵灾害严重的国家之一，水葫芦、水花生、紫茎泽兰、大米草、薇甘菊等入侵植物给农林业带来了严重危害，例如伶仃岛的薇甘菊、云南滇池的水葫芦、西双版纳的飞机草和正在毁掉海岸滩涂的大米草。危害最严重的害虫有美国白蛾、松材线虫、马铃薯甲虫等14 种。

21. 耕地、永久基本农田、高标准农田是什么？

根据《中华人民共和国土地管理法》，土地分为农用地、建设用地和未利用地，其中农用地与广大农民息息相关，是指直接用于农业生产的土地，包括耕地、林地、草地、农田水利用地、养殖水面等。

耕地是指种植农作物的土地，包括熟地，新开发、复垦、整理地，休闲地（含轮歇地、休耕地）；以种植农作物（含蔬菜）为主，间有零星果树、桑树或其他树木的土地；平均每年能保证收获一季的已垦滩涂和海涂。耕地中包括南方宽度＜1.0 米，北方宽度＜2.0 米固定的沟、渠、路和地坎（埂）；临时种植药材、草皮、花卉、苗木等的耕地，临时种植果树、茶树和林木且耕作层未破坏的耕地，以及其他临时改变用途的耕地。据第三次全国国土调查结果显示，我国耕地 19.18 亿亩，主要用于粮食和棉、油、糖、蔬菜等农产品及饲草饲料生产。国家为确保农业生产所需土地而划定的最低保障线是耕地红线，红线内土地只能从事农事耕作和农业生产，不能用于建设或其他非农化事项。

永久基本农田是按照一定时期人口和经济社会发展对农产品的需求，依据国土空间规划确定的不得擅自占用或改变用途的耕地。

根据《中华人民共和管土地管理法》，下列耕地应当划为永久基本农田，实行严格保护：

◆经国务院、农业农村主管部门或者县级以上地方人民政府批准确定的粮、棉、油、糖等重要农产品生产基地内的耕地；

◆有良好的水利与水土保持设施的耕地，正在实施改造计划以及可以改造的中、低产田和已建成的高标准农田；

◆蔬菜生产基地；

◆农业科研、教学试验田；

◆国务院规定应当划为永久基本农田的其他耕地。

注：各省、自治区、直辖市划定的永久基本农田一般应当占本行政区域内耕地的百分之八十以上，具体比例由国务院根据各省、自治区、直辖市耕地实际情况规定。

高标准农田是指土地平整、集中连片、设施完善、农田配套、土壤肥沃、生态良好、抗灾能力强，与现代农业生产和经营方式相适应的旱涝保收、高产稳产的耕地，是"田成方、土成型、渠成网、路相通、沟相连、土壤肥、旱能灌、涝能排、无污染、产量高"的稳定保量粮田。2021年9月20日，国家印发《全国高标准农田建设规划（2021—2030年）》，提出到2030年，全国建成12亿亩高标准农田。2022年，《高标准农田建设通则》（GB/T 30600—2022）（以下简称《通则》）经国家市场监督管理总局（国家标准化管理委员会）批准发布，于2022年10月1日起正式实施。《通则》明确了高标准农田建设规划引领、因地制宜、数量质量并重、绿色生态、多元参与和建管并重的6项原则，按照东北区、黄淮海区、长江中下游区、东南区、西南区、西北区和青藏区等7个区域规定了高标准农田建设的重点区域、限制区域和禁止区域，指出了田块整治、灌溉与排水、田间道路、农田防护与生态环境保护、农田输配电等农田基础设施，土壤改良、障碍土层消除、土壤培肥等农田地力提升等8项建设内容和标准指标，规定了土地权属确认与地类变更、验收与建设评价、耕地质量评价监测与信息化管理、建后管护、农业科技配套与应用等管理要求。

22. 农业机械化有哪些发展趋势？

农业机械化是指运用先进适用的农业机械装备农业，改善农业生产经营条件，不断提高农业的生产技术水平和经济效益、生态效益的过程，是农业现代化的典型标志之一。包括农、林、牧、副、渔等部门生产作业机械化，如农作物的耕种、排灌、植保、收获，渔业的放养、打捞等；农产品运输和加工的机械化；农业基本建设施工机械化等。**其发展趋势，一是全程机械化**，涵盖耕地、播种、植保、灌溉、收获、运输、烘干、秸秆处理等环节；**二是农机多样化**，包括经济作物机械、牧草机械和林业机械；农产品加工机械；挖掘机、装载机和吊装设备等农村工程机械；设施农业装备和节水设备等保护性耕作机具；**三是农机智能化、数字化**，基于北斗、5G 的无人驾驶农机、植保无人飞机、蔬菜移栽机；**四是农机作业走向市场化、社会化**，通过建设农机合作社，成立农机服务组织等，开展专业化、市场化服务。

23. 什么是设施农业？什么是精准农业？

设施农业是采用人工技术手段，改变自然光温条件，创造优化动植物生长的环境因子，进行动植物高效生产的一种现代农业方式，包括设施园艺和设施养殖。发展设施农业是提高农业产出效率、拓展农业生产可能性边界的关键举措，有利于解决我国人多地少制约可持续发展问题，各地政府均制定了设施农业的财政、税收上的优惠政策，对农户贷款贴息和补贴也逐年增加。有些将温室卷帘机、微耕机、物理农业机具等设施农业产品列入农机购置补贴目录，对农民购买设施农业产品实行补助政策；有些对设施农业生产用水、用电、机耕道路等基础设施的建设给予财政投入。

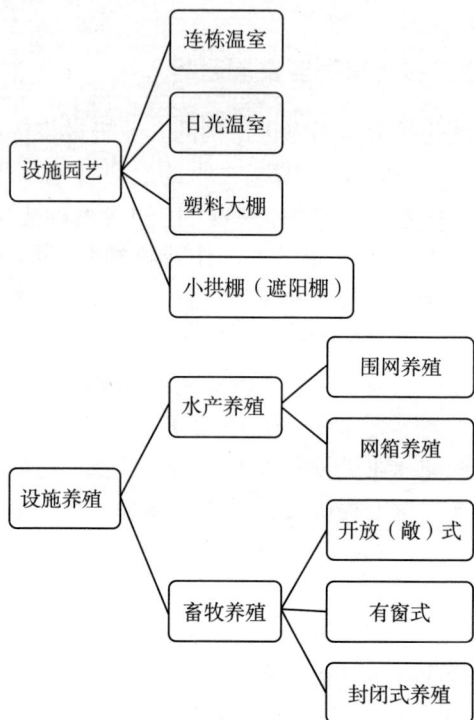

```
                    ┌─────────────┐
                ┌───│ 连栋温室     │
                │   └─────────────┘
                │   ┌─────────────┐
┌─────────┐     ├───│ 日光温室     │
│ 设施园艺 │─────┤   └─────────────┘
└─────────┘     │   ┌─────────────┐
                ├───│ 塑料大棚     │
                │   └─────────────┘
                │   ┌──────────────────┐
                └───│ 小拱棚（遮阳棚） │
                    └──────────────────┘

                                ┌─────────────┐
                    ┌─────────┐ ┌│ 围网养殖     │
                ┌───│ 水产养殖 │─┤ └─────────────┘
                │   └─────────┘ └│ 网箱养殖     │
┌─────────┐     │               └─────────────┘
│ 设施养殖 │─────┤               ┌──────────────┐
└─────────┘     │            ┌──│ 开放（敞）式  │
                │   ┌─────────┐  └──────────────┘
                └───│ 畜牧养殖 │──│ 有窗式        │
                    └─────────┘  └──────────────┘
                                 │ 封闭式养殖    │
                                 └──────────────┘
```

精准农业是信息技术与农业生产全面结合的一种新型农业，是由信息技术支持的根据空间变异，定位、定时、定量地实施一整套现代化农事操作技术与管理的系统，根据作物生长的土壤性状，调节对作物的投入，一方面查清田块内部的土壤性状与生产力空间变异，另一方面确定农作物的生产目标，进行定位的"系统诊断、优化配方、技术组装、科学管理"，以最少的或最节省的投入达到同等收入或更高的收入，并改善环境，高效地利用各类农业资源，提升经济效益和环境效益。

精准农业

全球定位系统 | 农田信息采集系统 | 农田遥感监测系统 | 农田地理信息系统 | 农业专家系统 | 智能化农机具系统 | 环境监测系统 | 系统集成系统 | 网络化管理系统 | 培训系统

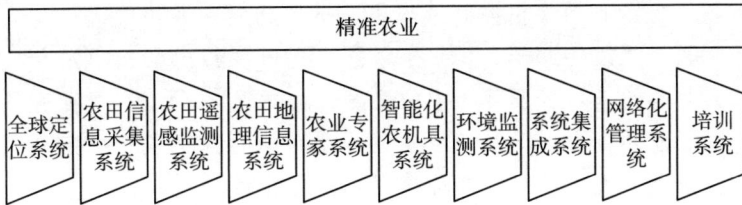

24. 农业物联网、数字农业、智慧农业的区别是什么？

农业物联网是通过各种仪器仪表实时显示或作为自动控制的参变量参与到自动控制中的物联网。一般是大量使用各种自动化、智能化、远程控制的生产设备，按照传感器节点构成监控网络，通过各种传感器采集信息，精准调控温室环境，达到改善品质、调节生长周期、增加产量、提高经济效益的目的。

例如运用物联网系统的气象设备和土壤监测传感器，检测环境中的物理量参数，通过各种仪器设备实时显示或作为自动控制的参变量参与到自动控制中，保证农作物有一个良好的、适宜的生长环境。

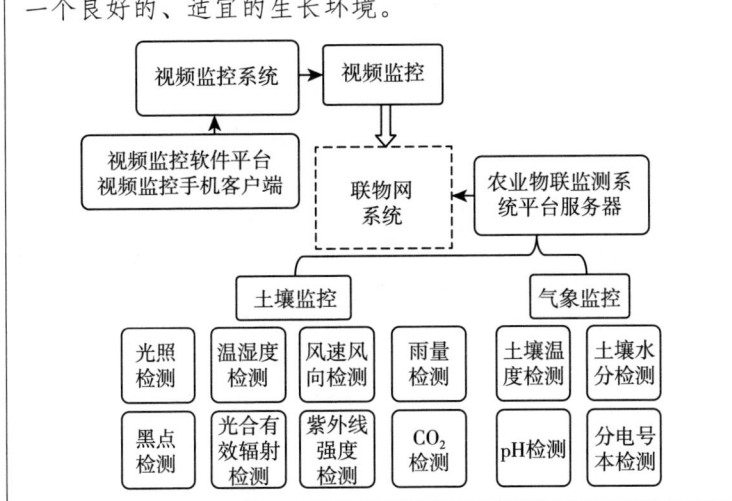

视频监控系统 → 视频监控

视频监控软件平台视频监控手机客户端

联物网系统

农业物联监测系统平台服务器

土壤监控 | 气象监控

光照检测 | 温湿度检测 | 风速风向检测 | 雨量检测 | 土壤温度检测 | 土壤水分检测

黑点检测 | 光合有效辐射检测 | 紫外线强度检测 | CO_2检测 | pH检测 | 分电号本检测

例如种植大棚控制系统中，运用物联网系统的温度传感器、湿度传感器、pH 传感器、光照度传感器、CO_2 传感器等设备，检测环境中的温度、相对湿度、pH、光照强度、土壤养分、CO_2 浓度等物理量参数，保证农作物有一个良好、适宜的生长环境，实现远程控制。

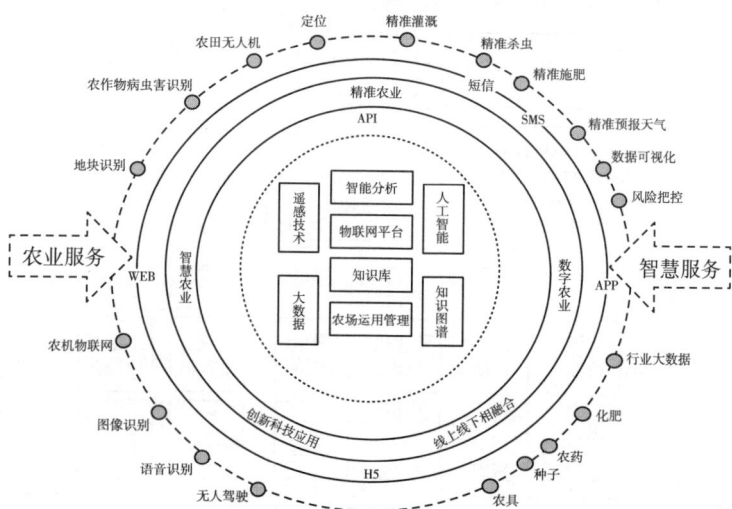

　　数字农业是将信息作为农业生产要素，用现代信息技术对农业对象、环境和全过程进行可视化表达、数字化设计、信息化管理的现代农业。具体而言，就是将遥感、地理信息系统、全球定位系统、计算机技术、通讯和网络技术、自动化技术等高新技术与地理学、农学、生态学、植物生理学、土壤学等基础学科有机地结合起来，在农业生产过程中对农作物、土壤实现从宏观到微观的实时监测，对农作物生长、发育状况、病虫害、水肥状况以及相应的环境进行定期信息获取，生成动态空间信息系统，模拟农业生产中的现象、过程，达到合理利用农业资源、降低生产成本、改善生态环境、提高产品产量和质量的目的。

　　智慧农业是集成应用计算机与网络、物联网、音视频、3S、无线通信等现代信息技术成果，开展农业可视化远程诊断、远程控制、灾变预警等智能管理，实现农业生产的精播、精施、精准控制、全程溯源，达到农业高产、优质、高效、生态、安全生产等目标。智慧农业是建立在数字农业基础之上，囊括的方面更多样，信息采集的范围更广泛。

25. 如何确保我国农产品质量安全？

　　农产品质量安全是指农产品质量达到农产品质量安全标准，符合保障人的健康、安全的要求。为保障农产品质量安全，维护公众健康，促进农业和农村经济发展，2006 年，国家制定了农产品质量安全法；2022 年，国家新修订了农产品质量安全法，2023 年 1 月 1 日起施行。

　　我国对农产品质量安全的监测管理，一是采用农产品质量安全例行监测制度，在全国 37 个城市开展全年 5 次的蔬菜农残、16 个城市畜产品污染和 5 个城市水产品中药物污染定点监测，还包括符合国际规则和惯例的兽药及兽药残留监控计划、农药及农药残留监控计划、饲料及饲养违禁药物监控计划、农产品产地环境普查计划、农业投入品监测计划、农产品品质普查计划以及农资打假监控计划。二是施行农产品质量安全承诺达标合格证制度，是指生产者根据国家法律法规、农产品质量安全国家强制性标准，在严格执行现有的农产品质量安全控制要求的基础上，对所销售的食用农产品自行开具并出具的质量安全合格承诺证。主要针对的是蔬菜、水果、畜禽、禽蛋、养殖水产品。合格证上内容应至少包含：食用农产品名称、数量（重量）、种植养殖生产者信息（名称、产地、联系方式）、开具日期、承诺声明等。若开展自检或委托检测的，也可以在合格证上标示。

37个蔬菜农药残留监测城市	对蔬菜实施监测的13种农药	对畜产品实施监测的兽药
·北京、天津、上海、深圳、重庆、哈尔滨、长春、沈阳、呼和浩特、乌鲁木齐、银川、西宁、兰州、西安、拉萨、成都、贵阳、昆明、太原、石家庄、济南、郑州、合肥、南京、武汉、长沙、南昌、杭州、福州、南宁、海口、广州、大连、青岛、宁波、厦门、寿光	·甲胺磷、甲拌磷、对硫磷、甲基对硫磷、氧化乐果、毒死蜱、乙酰甲胺磷、氯氰菊酯、氰戊菊酯、溴氰菊酯、甲氯菊酯、三氟氯氰菊酯和百菌清	·瘦肉精、磺胺间甲氧嘧啶（SMM）、磺胺二甲嘧啶（SM2）、磺胺甲恶唑（SMZ）、磺胺二甲氧嘧啶（SDM）、磺胺喹恶啉（SQ）

26. 如何申报绿色食品、有机农产品、地理标志农产品和国际农产品质量认证？

绿色食品、有机农产品、地理标志农产品是我国农产品质量安全认证的基本类型。**绿色食品**是指遵循可持续发展原则，按照特定生产方式，经专门机构认定，许可使用绿色食品标志的无污染、安全、优质、营养类食品。**有机农产品**是根据有机农业原则和有机农产品生产方式及标准生产、加工生产出来的，经过有资质的有机食品认证机构颁发证书的农产品及其加工品。**地理标志农产品**是指农产品来源于特定地域，产品品质和相关特征主要取决于自然生态环境和历史人文因素，并以地域名称冠名的特有农产品标志。

	绿色食品	有机农产品	地理标志农产品
特征	政府推动、市场运作；质量认证与商标转让相结合	社会化的经营性认证行为；因地制宜、市场运作	政府运作，公益性认证；认证标志、程序、产品目录等由政府统一发布
收费	认证免费、检测收费	认证收费、检测收费	认证免费
使用期	3 年	1 年	长期有效
认证机构	中国绿色食品发展中心（中绿华夏）	中国 OFDC，美国 OCIA（国际有机作物改良协会）、德国 ECOCERT、BCS 和 GFRS，荷兰 SKAL，法国 IFOAM、日本 JONA 等	农业农村部的农产品地理标志登记证书、国家知识产权局的地理标志保护产品证书

国际农产品质量认证很多，主要有 ISO22000 食品安全管理体系认证、IFS 国际食品安全标准认证、BRC 全球食品标准认证、Star K 犹太清洁食品工厂认证、GAP 良好农业规范认证。例如 GLOBALG. A. P（全球良好农业规范）认证介绍如下。

> GLOBALG.A.P（全球良好农业规范）认证是一项针对农业和水产养殖生产者的食品安全认证方案。以良好农业操作为基础，GLOBALG.A.P.食品安全标准包括农场相关的所有过程活动，属于企业之间的认证。GLOBALG.A.P.标准涉及80个国家，以审核农场内是否符合三个主要范围为基础：作物、畜牧及水产养殖。一般情况下，GLOBALG.A.P.认证过程平均需要六到九个月，认证过程遵循五个基本步骤：注册、现场审核、实施整改方案、作出认证决策、证书发放。

27. 出口农产品示范基地（区）、供港澳蔬菜种植基地是什么？如何申报备案？

出口农产品示范基地（区）是指按照产品外向化、基地规模化、技术标准化和管理规范化要求建设，具有较好示范带动作用的各类出口农产品种养殖和生产加工基地或集聚区。

供港澳蔬菜种植基地是常见的一种。供港澳蔬菜种植基地接受所在地海关监督管理，生产加工企业所在地海关对备案的生产加工企业进行监督管理。例如中华人民共和国兰州海关

（1）**申请办理条件**。有合法用地的证明材料；土地固定连片，周围具有天然或者人工的隔离带（网），符合各地海关根据实际情况确定的土地面积要求；土壤和灌溉用水符合国家有关标准的要求，周边无影响蔬菜质量安全的污染源；有专门部门或者专人负责农药等农业投入品的管理，有专人管理的农业投入品存放场所；有专用的农药喷洒工具及其他农用器具；有完善的质量安全管理体系，包括组织机构、农业投入品使用管理制度、有毒有害物质监控制度等；有植物保护基本知识的专职或者兼职管理人员；有农药残留检测能力。

（2）**办理材料**。供港澳蔬菜种植基地备案申请表；种植基地示意图、平面图；种植基地负责人或者经营者身份证；上述材料复印件须加盖企业公章方才有效。

（3）**办理流程**。种植基地备案主体向所在隶属海关提出申请；种植基地备案主体提交材料齐全的，海关应当受理备案申请；种植基地备案主体提交材料不齐全的，海关应当当场或者在街道申请后5个工作日内一次性书面告知种植基地备案主体补正，以申请单位补正资料之日为受理日期。海关受理申请后，应当根据审查标准和提交材料进行审核。审核工作应当自受理之日起10个工作日内完成。符合条件的，予以备案，按照"省（自治区、直辖市）行政区划代码+SC+五位数字"的规则进行备案编号，发放备案证书。不符合条件的，不予备案，海关书面通知种植基地备案主体。

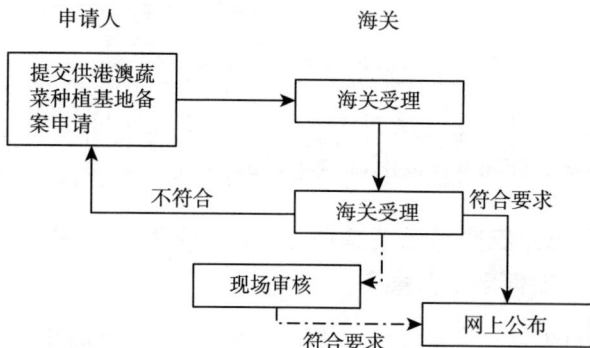

2022年4月发布的《供港澳蔬菜种植基地备案》，供港澳蔬菜种植基地备案流程、申报条件、办理材料等。

28. 什么是转基因食品？

转基因食品是利用转基因生物技术获得的转基因生物品系，并以该转基因生物为直接食品或为原料加工生产的食品，分为植物性转基因食品、动物性转基因食品和微生物性转基因食品。但凡是通过法律认可的转基因产品，都是经过系统的、规范的食品安全检验的验证，对于人体健康是安全的。国内目录内转基因食品都强制标识，消费者可以自由选择对其消费与否。

转基因食品分类

根据转基因食品中是否含有转基因源	根据转基因食品来源的不同	根据食品中转基因的功能的不同
（1）食品本身不含转基因的转基因食品，是指食品尽管来源于转基因生物，但其产品本身并不会有任何转移来的基因； （2）转基因食品中确实含有转基因成分，但在加工过程中其特性已发生了改变，转移来的活性的基因不复存在于转基因食品中的转基因食品； （3）转基因食品中有活性的基因成分，人们食用这种转基因生物或食品后，转移来的基因和生物本身固有的基因均会被人体消化吸收的转基因食品。	（1）植物性转基因食品。所谓植物性转基因食品，是指以含有转基因的植物为原料的转基因食品； （2）动物性转基因食品。所谓动物性转基因食品，是指以含有转基因的动物为原料的转基因食品； （3）微生物性转基因食品。所谓微生物转基因食品，是指以含有转基因的微生物为原料的转基因食品。转基因微生物食品，主要是利用微生物的相互作用，培养一系列对人类有利的新物种。	（1）增产型的转基因食品； （2）控熟型的转基因食品； （3）保健型的转基因食品； （4）加工型的转基因食品； （5）高营养型的转基因食品； （6）新品种型的转基因食品。

29. 什么是农产品区域公用品牌、企业品牌、产品品牌？

农产品区域公用品牌是指在一个具有特定自然生态环境、历史人文因素的区域内，由相关组织所有，由若干农业生产经营者共同使用的农产品品牌。由"产地名＋产品名"构成，原则上产地应为县级或地市级，并有明确生产区域范围。申报范围包括粮油、畜禽、水产、果蔬、中药材、食用菌、茶叶、林特等类别农产品。**企业品牌**是以企业名称为品牌名称的品牌。与区域公共品牌的"公共性"相比，企业品牌具有"专属性"，是由某家企业组织或个人独自拥有的，其他企业不能够分享企业品牌所带来的利益，具有明显的竞争性和排他性。**产品品牌**是对产品而言，指产品的名称、术语、标记、符号、设计等方面的组合体，还有代表产品的一系列附加值，包含产品所能代表的效用、功能、品味、形式、价格、便利、服务等功能和心理两方面。农产品品牌范围比企业品牌更小，只聚焦于某种产品，是企业品牌的一部分。

	命名方式	申报渠道	举例
农产品区域公用品牌	产地名＋产品名	登录中国农产品市场与品牌网（www.Chama.org.cn）在线申报	库尔勒香梨、西湖龙井、盘锦河蟹、洛川苹果、武乡小米、新平冰糖橙等
企业品牌	企业名称	由企业自主创建	中粮、北大荒、好想你等
产品品牌		由企业自主创建，一个企业可拥有多个产品品牌，且品牌间相互独立	龙威贡牌（福建省建宁县龙威生物科技有限公司）、塞外香（宁夏塞外香食品有限公司）、虎邦辣酱（青岛辣工坊食品有限公司）等

品牌是市场经济的产物，是农业市场化、现代化的重要标志，品牌建设贯穿农业全产业链，是助推农业转型升级、提质增效的重要支撑和持久动力。对于农产品区域公用品牌、企业品牌、农产品品牌而言，扩大品牌影响力直接影响市场竞争力。扩大品牌影响力的方式方法很多，一是拓宽品牌宣传渠道，积极参加品牌大赛、展会平台活动，参加中国国际农交会、中国国际茶博会、名特优农产品展销会等，与全国电商零售头部企业、新媒体等开展战略合作，通过"农技耘"APP、京东APP以及各类助农平台，培育一批网络营销农产品品牌主体、品牌

产品、品牌电商和"网红"。二是借助名人效应，塑造公众认可的品牌形象。三是严控产品质量，提升农产品质量和口碑。四是创造合适的、脍炙人口的品牌故事，打造品牌核心价值。

30. 新型农业经营主体有哪些类别？

新型农业经营主体包括专业大户、家庭农场、农民专业合作社、农业产业化龙头企业等，一般规模比较大，收入水平较高，规模化、集约化、专业化、市场化和社会化的程度较高。

类型	定义	认定方法	备注
专业大户	以种养业为主，主要从事单一的农产品的初级生产工作为主，在生产规模上大于一般农户的标准	中央和省有关部门没有规定统一的标准。达到当地县级以上农业部门确定的从事粮食作物种植的，或者从事经济作物种植和养殖业的规模标准的自然人、法人、专业合作组织或其他组织	属于家庭经营。规模经营与专业化程度高、市场化特征明显
家庭农场	以家庭成员为主要劳动力，具有法人性质，从事农业规模化、集约化、商品化生产经营，以农业收入为家庭主要收入来源	有一定规模的土地，面积一般在 50 亩以上；掌握农业生产方法和技术；具有一定的资金实力和生产条件，比如农机具、仓库等	属于家庭经营，可以涵盖到二三产业。和专业大户相比，产业链长，集约化、专业化程度高
农民专业合作社	是在农村家庭承包经营基础上，同类农产品的生产经营者或者同类农业生产经营服务的提供者、利用者，自愿联合、民主管理的互助性经济组织	有 5 名以上符合规定的成员，而且有符合《农民专业合作社法》规定的章程和组织机构；有符合法律、行政法规规定的名称和章程确定的住所；有符合章程规定的成员出资	属于合作经营、集体经营或者企业经营。分工明确，生产效率较高

（续）

类型	定义	认定方法	备注
农业产业化龙头企业	所经营的内容，可以涵盖到整个产业链条，从农产品的种植与加工、仓储、物流运输、销售甚至科研等组织化和专业化程度都比较高	为企业组织形式、企业经营的产品、加工流通企业规模、农产品专业批发市场年交易规模、企业效益、企业负债与信用等	属于合作经营、集体经营或者企业经营

家庭农场是具备一定土地经营规模的家庭，由其经营场所或住所所在县、不设区的市工商行政管理局以及市辖区工商行政管理分局负责登记。家庭农场注册登记条件和材料一般包括：申请人农业户籍的身份证明（户口本页或者其他农业户口证明）；编制登记申请书；经营规模相对稳定，土地相对集中连片。土地租期或承包期应在 5 年以上，土地经营规模达到当地农业部门规定的种植、养殖要求；经济组织模式选择，包括个体工商户、个人独资企业、合伙企业、公司等其他组织形式；其他要求的材料。

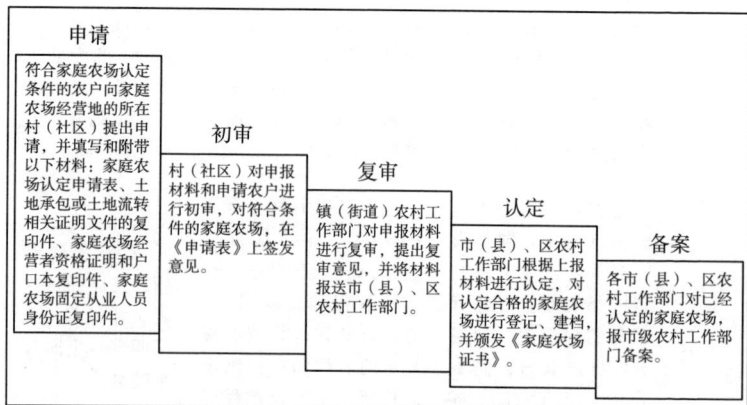

家庭农场申请注册一般流程

　　农民专业合作社是拥有一定组织架构，成员享有一定权利，同时负有一定责任，以其成员为主要服务对象，提供农业生产资料的购买，农产品的销售、加工、运输、贮藏以及与农业生产经营有关的技术、信息等服务。2006 年 10 月 31 日第十届全国人民代表大会常务委员会第二十四次会议通过《中华人民共和国农民专业合作社法》，2017 年 12 月 27 日第十二届全国人民代表大会常务委员会第三十一次会议修订，包括总则，设立和登记，成员，组织机构，财务管理，合并、分立、解散和清算，农业专业合作社联合社、扶持措施、法律责任和附则十章。**在登记管理方面**，2022 年 3 月 1 日《中华人民共和国市场主体登记管理条例》施行，将农民专业合作社（联合

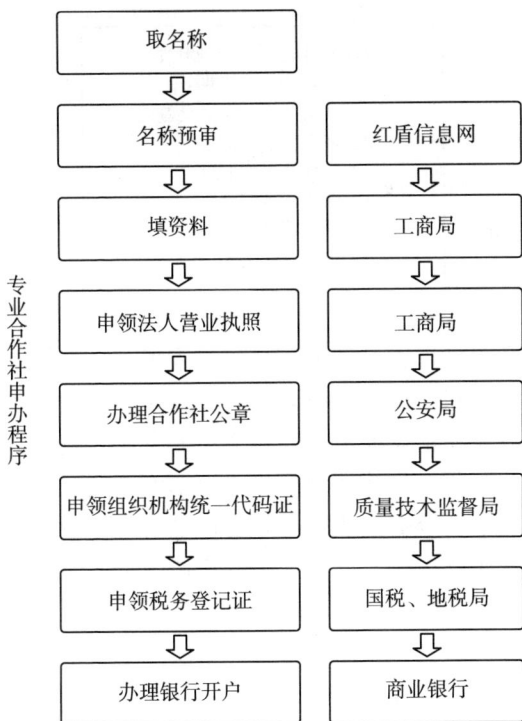

专业合作社申办程序

取名称	
名称预审	红盾信息网
填资料	工商局
申领法人营业执照	工商局
办理合作社公章	公安局
申领组织机构统一代码证	质量技术监督局
申领税务登记证	国税、地税局
办理银行开户	商业银行

社）及其分支机构纳入市场主体范畴，是以营利为目的从事经营活动的自然人、法人及非法人组织，其登记管理与公司、个人独资企业、个体工商户等市场主体一样。**在经营管理方面**，规范化经营农业专业合作社，一是要构建经营管理组织机构，设立董事长，建立理事会、监事会，二是要制定好章程、制度，例如社员管理制度等。**在示范社申报方面**，由县级以上（包括县级）农业农村主管部门牵头，会同有关部门、依据示范社创建标准认定的农民专业合作社，包括国家级示范社、省级示范社、市级示范社、县级示范社。国家级示范社按照《国家农民专业合作社示范社评定及监测暂行办法》执行，省市县级示范社按照本地政策执行。

```
┌─────────────────────────────┐
│   农民专业合作社管理制度        │
│     一般包括以下方面：          │
│ （1）社员（代表）大会制度       │
│ （2）理事会工作制度            │
│ （3）监事会工作制度            │
│ （4）财务管理制度              │
│ （5）社员管理制度              │
│ （6）盈余分配制度              │
│ （7）学习培训制度              │
└─────────────────────────────┘
```

农业企业是指通过种植、养殖、采集、渔猎等生产经营而取得产品的盈利性经济组织，包括从事农作物栽培业、林业、畜牧业、渔业和副业等生产经营活动的企业。我国农业企业包括国有农业企业、集体所有制企业、股份制企业、联营企业、私营企业、中外合资企业、中外合作经营企业等。其中**农业产业化龙头企业**是指以农产品加工或流通为主，通过各种利益联结机制与农户相联系，带动农户进入市场，使农产品生产、加工、销售有机结合、相互促进，在规模和经营指标上达到规定标准并经政府有关部门认定的企业，包括国家级龙头企业、省级龙头企业、市级龙头企业、县级龙头企业。

龙头企业认定要求

国家重点龙头企业	根据农业农村部、国家发改委等7部委印发的《农业产业化国家重点龙头企业认定和运行监测管理办法》（农经发〔2018〕1号）
省级龙头企业	根据各省（区、市）制定的农业产业化龙头企业认定及运行监测管理办法，例如《浙江省省级骨干农业龙头企业认定和运行监测管理办法》
市级龙头企业	根据各市制定的农业产业化龙头企业认定及运行监测管理办法，例如《庆阳市农业产业化重点龙头企业认定和运行监测管理办法》
县级龙头企业	根据各县制定的农业产业化龙头企业认定及运行监测管理办法

31. 什么是新型农业经营主体信息直报系统？注册认证有什么好处？

新型农业经营主体信息直报系统是由农业农村部建设的专门扶持培育新型农业经营主体的官方管理服务平台，由政府部

信息直报
新型经营主体及时填报主体信息、种养品种、经营规模、投入产出等生产经营情况，数量直达农业农村部。

记账本
记录农业生产经营收支动态，平台帮助规范财务核算，定期形成财务分析报告，促进改善生产经营活动。

我的补贴
提供最新的属地化农业补贴政策，及时了解补贴申请、获取及使用情况，监督政策落实。

我要培训
对接新型经营主体提出的培训要求，线上推送免费视频课程，线下定制组班供新型经营主体报告参训。

我要贷款
提供属地化信贷产品，新型经营主体线上申请，金融机构线下对接，实现从申请、审核、尽调、放款、还款全流程记录。

我要保险
提供符合新型经营主体需求的多样化农业保险产品，新型经营主体线上预约、线上报案，保险公司线下一对一精准服务。

我要服务
为新型经营主体与农业社会化服务组织之间搭建供需对接通道，精准提供播种、植保、机收等全方位生产作业服务。

我要买卖
提供线上开店、品牌推广、农资购买等综合服务，推动农资下行、农产品上行，提升主体市场竞争力。

门管理子平台、农村金融对接子平台、金融机构管理子平台组成，通过主体直连、信息直报、服务直通、共享共用，为新型农业经营主体全方位、点对点对接信贷、保险、培训、生产作业、产品营销等多项服务。

对于新型农业经营主体而言，在系统进行认证注册可以得到系统提供的诸多服务，尤其是解决融资、教育培训方面的困难或问题。例如 2018 年，农业农村部办公厅发布《关于做好新型农业经营主体信息直报系统贷款贴息试点工作的通知》，2021 年，国务院客户端小程序开通新型农业经营主体信贷直通车服务等，帮助新型农业经营主体解决贷款难、贷款贵问题。新型农业经营主体通过微信、支付宝和百度 APP 搜索"国务院客户端"小程序，在移动手机端上进行业务操作，按要求填报信贷需求，即可申请贷款。以新型农业经营主体信息直报系统为载体开展贷款贴息试点，一些省市也出台了实施办法。例如《湖北省新型农业经营主体贷款贴息实施办法》《南京市扶持新型农业经营主体贷款贴息资金管理办法》《泉州市新型农业经营主体贷款贴息实施方案》等。

湖北省新型农业经管主体贷款贴息实施办法

（1）贴息对象。省级及以上农业产业化龙头企业；登记注册的农民合作社；纳入"全国家庭农场名录系统"的家庭农场。

（2）贴息范围。经营主体从商业银行所取得的用于主营业务生产经营方面的流动资金贷款和新建、改扩建生产条件的建设资金贷款（含技改贷款）给予贴息支持。对从事多种经营业务的经营主体，应严格区分贷款用途，确实无法划分的可按产值比例核定用于农产品生产经营的流动资金和建设资金贷款规模。

（3）贴息标准。符合申报条件的省级及以上龙头企业的贷款，按不高于年贴息率2%给予贴息，贴息率不高于经管主体核定实际贷款年利率根据当年贴息资金规模设定企业贴息贷款额的上下限，每家企业享受财政贴息总额最高不超过1 000万元。符合申报条件的农民合作社、家庭农场的贷款按年贴息率2%据实贴息，贴息率不高于经营主体核定实际贷款年利率。

（4）**贴息期限。**对经管主体2020年7月1日至2021年3月31日，以后年度为上年度4月1日至本年度3月31日发生贷款产生的利息给予贴息，贴息时间为一年。每笔贷款不足一年的，按照实际贷款时间贴息。

（5）**申报要求。**申报条件。1.经营主体注册地经营地在湖北省域内，且贷款发放机构在湖北省内注册经营的金融机构。2.企业总部不在湖北省城内，但在湖北省域内取得的银行贷款，并将贷款资金用于湖北省域内生产经营。3.申报的贷款资金必须用于生产经营，不得转贷给其他企业（或个人），不能用于偿还非贷款银行的各类债务。4.经管主体拖欠农民工工资的，或因违法违规被公安机关立案查处，被行政处罚或被行业通报的，当年及影响期内不享受贷款贴息政策扶持。5.经营主体同一笔贷款不得重复申请中央和省级贷款贴息。申请贴息的经营主体向所在地县级农业农村（经管）部门提出申请并提交申报材料，鼓励经管主体通过湖北省新型农业经营主体信息管理平台申报，申请贷款贴息的经管主体，应提供以下材料：经营主体贷款贴息项目申请表、经营主体贷款贴息项目承诺函、经营主体开户行出具的人民银行贷款征信证明（含贷款明细）、反映经营主体贷款及付息情况的证明材料。主要包括：一是经贷款银行盖章确认的贷款合同复印件、银行放款凭证复印件。二是经贷款银行盖章确认的归还贷款利息清单。三是其他与该贷款相关的凭证材料。经营主体纸质申报材料由县级农业农村（经管）部门负责存档备查。申报流程：经营主体自愿申报，县级农业农村（经管）部门、财政部门、贷款银行对申报材料的完整性、真实性、合法性审核确认后，分别按龙头企业、农民合作社、家庭农场分类形成本辖区的贷款贴息情况汇总表，每年4月15日（2021年在6月15日）前，以农业农村（经管）部门和财政部门正式文件上报市级农业农村部门和财政部门。市级农业农村部门会同同级财政部门进行程序性、合规性审核无误后，以正式文件联合上报省农业农村厅、省财政厅。

（6）资金拨付。省农业农村厅、省财政厅组织第三方机构对各地申报材料进行程序性、合规性审核，并按不同产业链、不同经营主体的贷款额、贴息标准进行测算，提出贴息资金分配方案，按程序报省政府审批后将贴息资金下达到县（市、区）。为加快资金支付进度，报经省政府同意后，可先预付后清算，清算结果通知各产业链牵头单位。县（市、区）有关部门和财政部门按照规定将贴息资金拨付到相关经营主体。

（7）责任追究。经营主体应确保申报材料真实、合法、完整，对提供材料的真实性、合法性、有效性负责，并签署承诺函。如发现提供虚假材料骗取贷款贴息资金的，将采取以下措施严肃处理：1. 依法追究有关单位和人员的责任，并列入黑名单，五年内不再受理与该经营主体相关的财政支持政策申请；2. 将经营主体的诚信情况通知中小企业诚信情况发布机构；3. 对弄虚作假骗取的贷款贴息资金予以收回；构成犯罪的，移交司法机关依法追究刑事责任。对在贴息资金申请过程中帮助申报经营主体弄虚作假、骗取贴息资金的相关单位和责任人，按程序移送相关机关处理。

（8）工作要求。加强组织领导。各级农业农村（经管）等部门要高度重视，加强组织领导和协调配合，会同财政部门、相关金融机构，按时完成贴息项目审核申报工作。严格审核把关。各地要落实各方责任，严格审核把关确保申报材料真实、合法、完整。对不在贴息范围内的贷款要坚决剔除，不得享受贴息政策。开展绩效管理。各级财政、农业农村部门按照《中共中央　国务院关于全面实施预算绩效管理的意见》等有关制度规定，组织开展绩效评价等工作，评价结果作为贴息资金分配的重要依据。

资料来源：湖北省财政厅　湖北省农业农村厅关于印发《湖北省新型农业经营主体贷款贴息实施办法》的通知（鄂财农发〔2021〕18号）

32. 农户利益链接机制有哪些方式？

利益联结机制是指通过一种或多种利益联结机制模式组合构建和运用，不断增强农村和农户的内生动力和发展活力。带动农户的利益联结机制主要有以下四种方式。

（一）"订单式"利益联结机制——公司＋合作社＋农户

以农业龙头企业为核心、农民专业合作社为纽带、家庭农场和种植大户为基础，推行"公司＋合作社＋农户"模式，引导企业、合作社与农户建立紧密的契约关系，通过签订长期购销合同等形式，保障农户收益、提升生产集约化、组织化水平。龙头企业统一种植标准、统一供应农资、统一收购产品、统一产品品牌，公司负责统一生产服务与管理，让农户在降低劳动强度和经营风险的同时，提高经营收益。支持龙头企业通过保护价收购和利益兜底、利润返还或二次结算等方式，与农户建立"风险共担、农企双赢"的紧密利益联结机制，提高订单履约率，让农户分享稳定收益。

某公司以"公司＋农户＋基地"经营模式，即农户与公司签订协议，由农户提供养殖场地和劳动力，公司提供饲料、苗鸡、疫苗、兽药、技术服务以及销售工作，形成了种鸡饲养、苗鸡饲料供应、技术服务、肉鸡养殖、销售等整个养殖环节的产业化"一条龙"运作体系。2020 年为本地农户提供就业岗位 150 余个，合作农户达 110 余户，年销售肉鸡近 600 万羽，销售额 1.5 亿余元，为农户创造收益 1 800 万余元，平均每户收益 18 万余元，带动农民共同富裕。

（二）"股份式"利益联结机制——股金＋租金＋薪金

引导农业龙头企业领办或入股农村专业合作组织，支持农民、集体以土地或其他资产入股合作社或兴办农业企业，建立企业与农户之间的股份合作关系。同时，鼓励农户流转土地，集中土地资源，推进规模化连片发展。企业则通过流转农户土地、聘用农民务工、创新利益分配等方式，让农户获得"股金＋租金＋薪金"，形成企业与农户之间"股份式"利益联结机制。实践中，"农民入股"一般遵循"农民负盈不负亏"的分配原则，即"保底收益＋按股分红"，以土地入股的，保底收益一般不低于平均土地流转的租金，"按股分红"则取决于经营内容和经营状况。

某市积极引导农业龙头企业领办或入股农村专业合作组织，支持农民、集体以土地或其他资产入股合作社或兴办农业企业，建立企业与农户之间的股份合作关系。当地龙头企业通过流转农户土地、聘用农民务工、创新利益分配等方式，某农机专业合作社以农民土地承包经营权入股，流转一亩折合一股，按每股 225 千克本地晚粳米保底分红为政策发展社员，实现土地流转面积 4 650 亩，累计吸收社员 1 453 户，农户凭当年合作社分发的米卡领取大米，未领取完的大米按照当年大米进价折算成人民币给农户，2020 年度发放大米 250 多吨，发放余米金额 270 多万元，6 年分红累计达到 130 多万元。

（三）"托管式"利益联结机制——社会化服务＋小农户

完善农业生产加工销售社会化服务体系，打造农村综合性产业服务平台，由单一环节服务向耕、种、管、收、储、加、销等多环节、全链条服务延伸。依托农村社会化综合服务主体，推广土地托管经营模式，通过土地代耕代管代种、农产品代加代销代售，形成"托管式"利益联结机制，将小农户生产引入现代农业发展轨道，带动农户收入持续稳定增长。

某市某粮油专业合作社联合社由 10 个村土地专业合作社和某农机专业合作社共同出资组建，拥有核心种植基地 3 500 多亩，入股农户 1 800 多户。农户以土地入股的形式加入联合社，联合社每年以 300 千克稻谷折价返给农户，让有劳动力的人进企业务工实现收入，土地交给联合社确保收益。合作社还实行全程托管服务，为农户提供种子供应、代育秧、统一农业投入品供应、粮食烘干、飞防作业等服务减少了农户的每亩投入成本和劳动力，每年为农户增收 2 000 多元。联合社机械服务还辐射延伸到周边多个镇、村的 5 600 多农户，为农户提供整地、播种、育秧、插秧、施肥、浇灌、植保、烘干等粮食生产全程机械化服务，2020 年机械作业面积达 6.5 万余亩。

（四）"市场式"利益联结机制——大市场＋小微商

建立区域性的产品交易平台和交易市场，鼓励传统的以生产为基础的小微农商户直接参与商贸流通，分享流通环节的增值收益。支持交易市场为小微农商户提供免费的交易空间，引导农户、农场主在交易季节节点免费进入市场交易，营造交易场景、繁荣市场、汇聚人气，形成大市场与小微农商户群互惠互利的"市场式"利益联结机制。

> 某专业合作社联结农户 400 多户，2021 年通过南方梨水果交易平台和交易市场共销售南方梨 600 多万千克，销售收入 3 500 多万元。建立微商群，有 100 多户通过微商群销售水果 4 万多千克，销售收入 12 多万元，为农户增加收入 3 000 多元。同时，南方梨水果批发交易市场不仅为农户提供了免费交易集市，还为果农推介客商，让客商直接收购进行精深加工，规避市场风险，确保收入稳定。某合作社联结农户 27 户，2021 年通过尖山水果交易平台和交易市场共销售水果 5 万千克，销售收入 13 万元。建立微商群，有 3 户通过微商群销售水果 1 万千克，销售收入 3 万元，为农户增加收入 5 000 元。

33. 农村土地经营权流转是什么？

农村土地经营权流转（简称"土地流转"），是指拥有土地承包经营权的农户将土地经营权（使用权）转让给其他农户或经济组织，即保留承包权，转让使用权。法律规定方面，《农村土地承包法》第二章第五节第 32 条至第 43 条集中规定了农村土地承包经营权流转的办法，2021 年 1 月 26 日农业农村部发布《农村土地经营权流转管理办法》（农业农村部令 2021 年第 1 号）。

土地流转应遵循什么原则？坚持农村土地农民集体所有、农户家庭承包经营的基本制度，保持农村土地承包关系稳定且长久不变，遵循依法、自愿、有偿原则，任何组织和个人不得强迫或者阻碍承包方流转土地经营权。土地流转不得改变土地所有权的性质和土地的农业用途，不得破坏农业综合生产能力和农业生态环境；流转期限不得超过承包期的剩余期限；流转的受让方须有农业经营能力或者资质；在同等条件下，本集体经济组织成员享有优先权。

土地流转有哪些禁止性规定？土地经营权流转有"四不得"：土地经营权流转不得损害农村集体经济组织和利害关系人的合法权益，不得破坏农业综合生产能力和农业生态环境，不得改变承包土地的所有权性质，不得改变农业用途，确保农地农用，优先用于粮食生产，制止耕地"非农化"、防止耕地"非粮化"。

土地流转由哪个部门管理？《农村土地经营权流转管理办法》规定，农业农村部负责全国土地经营权流转及流转合同管理的指导。县级以上地方人民政府农业农村主管（农村经营管理）部门依照职责，负责本行政区域内土地经营权流转及流转合同管理。乡（镇）人民政府负责本行政区域内土地经营权流转及流转合同管理。

土地流转是否需办理登记？《农村土地承包法》规定，土地经营权流转期限为五年以上的，当事人可以向登记机构申请土地经营权登记。未经登记，不得对抗善意第三人。

村委会可以要求村民流转土地吗？没有承包方的书面委托，任何组织和个人无权以任何方式决定流转承包方的土地经营权。承包方自愿委托发包方、中介组织或者他人流转其土地经营权的，应当由承包方出具流转委托书。委托书应当载明委托的事项、权限和期限等，并由委托人和受托人签字或者盖章。

对土地流转的受让方有哪些要求？土地经营权流转的受让方应当为具有农业经营能力或者资质的组织和个人。在同等条件下，本集体经济组织成员享有优先权。受让方应当依照有关法律法规保护土地，使用土地有"三禁止"：禁止改变土地的农业用途；禁止闲置、荒芜耕地，禁止占用耕地建窑、建坟或者擅自在耕地上建房、挖砂、采石、采矿、取土等；禁止占用永久基本农田发展林果业和挖塘养鱼。受让方将流转取得的土地经营权再流转以及向金融机构融资担保的，应当事先取得承包方书面同意，并向发包方备案。土地经营权人有权在合同约定的期限内占有农村土地，自主开展农业生产经营并取得收益。

土地流转的方式有哪些？承包方可以采取出租（转包）、入股或者其他符合有关法律和国家政策规定的方式流转土地经营权。出租（转包）是指承包方将部分或者全部土地经营权，租赁给他人从事农业生产经营。入股是指承包方将部分或者全部土地经营权作价出资，成为公司、合作经济组织等股东或者成员，并用于农业生产经营。

土地流转需要签流转合同吗？承包方应当与受让方在协商一致的基础上签订书面流转合同，并向发包方备案。农业农村部制定了土地经营权流转合同示范文本。

> **土地经营权流转合同一般包括内容**
> （1）双方当事人的姓名或者名称、住所、联系方式等；
> （2）流转土地的名称、四至、面积、质量等级、土地类型、地块代码等；
> （3）流转的期限和起止日期；
> （4）流转方式；
> （5）流转土地的用途；
> （6）双方当事人的权利和义务；
> （7）流转价款或者股份分红，以及支付方式和支付时间；
> （8）合同到期后地上附着物及相关设施的处理；
> （9）土地被依法征收、征用、占用时有关补偿费的归属；
> （10）违约责任制度。

承包方在哪些情况下可以解除土地流转合同？承包方不得单方解除土地经营权流转合同，但受让方有下列情形之一的除外：①擅自改变土地的农业用途；②弃耕抛荒连续两年以上；③给土地造成严重损害或者严重破坏土地生态环境；④其他严重违约行为。有以上情形，承包方在合理期限内不解除土地经营权流转合同的，发包方有权要求终止土地经营权流转合同。受让方对土地和土地生态环境造成的损害应当依法予以赔偿。

土地经营权可以融资吗？《农村土地承包法》规定，承包方可以用承包地的土地经营权向金融机构融资担保，并向发包方备案。受让方通过流转取得的土地经营权，经承包方书面同意并向发包方备案，可以向金融机构融资担保。担保物权自融资担保合同生效时设立。当事人可以向登记机构申请登记；未经登记，不得对抗善意第三人。实现担保物权时，担保物权人有权就土地经营权优先受偿。土地经营权融资担保办法由国务院有关部门规定。

土地流转纠纷如何处理？土地经营权流转发生争议或者纠纷的，当事人可以协商解决，也可以请求村民委员会、乡（镇）人民政府等进行调解。当事人不愿意协商、调解或者协商、调解不成的，可以向农村土地承包仲裁机构申请仲裁，也可以直接向人民法院提起诉讼。

34. 农业生产社会化服务是什么？有什么益处？

农业生产社会化服务是指各类市场化服务主体围绕农业生产作业链条，根据产前、产中、产后的需要，提供各类经营性服务，包括农牧渔业相关生产资料供应、农业市场信息、技术集成、农机作业及维修、动植物疾病防控、农业废弃物资源化利用、农产品营销和初加工等，例如土地托管、代耕代种、烘干收储、农资供应、农机维修、农产品营销等。

农民在农业生产托管服务中受益情况（以玉米为例）

农业生产托管是农户等经营主体在不流转土地经营权的条件下，将农业生产中的耕、种、防、收等全部或部分作业环节委托给社会化服务组织完成的农业经营方式。小农户等经营主体通过生产托管，接受耕、种、防、管、收、储、加、销等全部或部分作业环节的服务。

（1）**增效**。每千克粮食多卖 4 分。一亩按照 1 000 千克算，每亩多卖 40 元，一户 50 亩地算多卖 2 000 元，一个村 5 000 亩地算多卖 20 万元。种植成本比市场低 30 元，一户 50 亩地算少投资 1 500 元。一个村 5 000 亩地算少投资 15 万元。粮食托管中心储粮后，可减少 7% 损耗，一亩按照 1 000 千克算，每亩可减少 70 千克损失，每千克按照 1.6 元算，每亩可以增收 112 元，一户按照 50 亩算可以增收 5 600 元，一个村按照 5 000 亩算可以增收 56 万元。土地规模化以后，重新规划整理田块可以节约 5% 的土地，相应的可以增产 5% 的粮食，一亩按照 1 000 千克算，每亩可增收 50 千克，每千克按照 1.6 元算，每亩可以增收 80 元，一户按照 50 亩算可以增收 4 000 元，一个村按照 5 000 亩算可以增收 40 万元。两项合计一户托管 50 亩土地可增收 1.31 万元。

（2）**省事**。城里打工、工作的、搞其他经营的、不具备劳动能力的，不再为种地的事犯愁。不再为种什么、怎么种发愁。不用自己买种子、肥料、农药。不再靠自己面朝黄土背朝天的干农活。不需要考虑农产品收获后卖给谁？什么时候能卖个好价钱？利用大数据服务——农管通，在手机上操作，就可以满足农户的需求，进行耕种防收储加销服务。

（3）**安全**。投保农业大灾险和价格指数保险，未雨绸缪确保农户增产增收。土地规模化经营以后，国家重点支持进行高标准农田改造，引进农业生产新技术、新装备、新物料，更能保障农业的高产稳产。与中国农科院、宁夏农科院、内蒙古农科院、宁夏农业大学农科院、河套学院、巴彦淖尔市农牧业科学研究院都有战略合作关系，开展品种选育，研究生产技术问题，解决生产技术难题，制定生产技术标准，为农业生产保驾护航。整合大农业集团的服务为现代农业助力，和中化农业 MAP、正大农业、五洲丰等公司合作，把绿色高效便捷先进的服务手段引入托管服务项目，提升农业生产服务水平。粮食和农产品产后服务，建成 15 万吨玉米的收储运能力、20 万吨的面粉和饲料加工能力、50 万吨的农产品销售能力，确保农民生产的粮食收得回、加得好、卖得出。

35. 什么是高素质农民？农民培训教育有哪些方式？

高素质农民是以农业为职业、具有相应的专业技能、收入主要来自农业生产经营并达到相当水平的现代农业从业者，包括生产经营型、专业技能型和社会服务型。

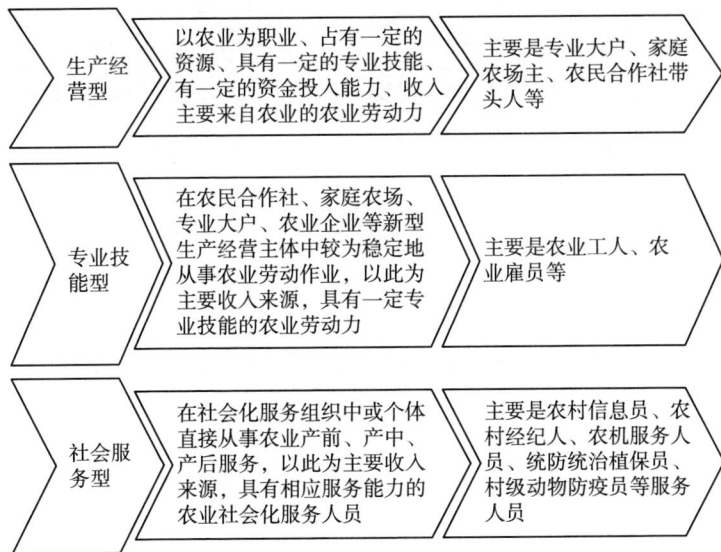

生产经营型	以农业为职业、占有一定的资源、具有一定的专业技能、有一定的资金投入能力、收入主要来自农业的农业劳动力	主要是专业大户、家庭农场主、农民合作社带头人等
专业技能型	在农民合作社、家庭农场、专业大户、农业企业等新型生产经营主体中较为稳定地从事农业劳动作业，以此为主要收入来源，具有一定专业技能的农业劳动力	主要是农业工人、农业雇员等
社会服务型	在社会化服务组织中或个体直接从事农业产前、产中、产后服务，以此为主要收入来源，具有相应服务能力的农业社会化服务人员	主要是农村信息员、农村经纪人、农机服务人员、统防统治植保员、村级动物防疫员等服务人员

农民教育培训是指对农民开展的农业先进适用技术、农业职业技能、农村劳动力转移就业技能、创业能力等教育培训活

动。包括学历教育、职业教育和继续教育等。

二、 如何实现生态宜居?

36. 什么是农业可持续发展、农业绿色发展、人与自然和谐发展?

(一)农业可持续发展

可持续发展是一个应用范围非常广的概念,不仅在经济、社会、环境等方面运用,教育、生活、艺术等方面也经常运用。农业可持续发展是指合理使用和维护自然资源,通过科学技术的提高和利用方式的改变使得同样资源消耗的情况下得到更多的产出,以确保当代人类及其后代对农产品需求的持续发展。

2021年,国家印发《全国农业可持续发展规划(2015—2030年)》,提出加快发展资源节约型、环境友好型和生态保育型农业,切实转变农业发展方式,从依靠拼资源消耗、拼农资投入、拼生态环境的粗放经营,尽快转到注重提高质量和效益的集约经营上来,确保国家粮食安全、农产品质量安全、生态安全和农民持续增收,努力走出一条中国特色农业可持续发展道路。

《全国农业可持续发展规划(2015—2030年)》提出的五大重点任务

优化发展布局,稳定提升农业产能	优化农业生产布局 加强农业生产能力建设 推进生态循环农业发展
保护耕地资源,促进农田永续利用	稳定耕地面积 提升耕地质量 适度退还耕地

（续）

节约高效用水，保障农业用水安全	实施水资源红线管理 推广节水灌溉 发展雨养农业
治理环境污染，改善农业农村环境	防治农田污染 综合治理养殖污染 改善农村环境
修复农业生态，提升生态功能	增强林业生态功能 保护草原生态 恢复水生生态系统 保护生物多样性

（二）农业绿色发展

推进农业绿色发展是农业发展观的一场深刻革命，推动农业发展与资源环境承载力相匹配、与生产生活生态相协调，涉及领域拓展为农业农村，是农业可持续发展的升级版。2021年，国家印发《"十四五"全国农业绿色发展规划》，提出牢固树立和践行"绿水青山就是金山银山"理念，坚持节约资源和保护环境的基本国策，以高质量发展为主题，以深化农业供给侧结构性改革为主线，以构建绿色低碳循环发展的农业产业体系为重点，强化科技集成创新，健全激励约束机制，完善监督管理制度，搭建先行先试平台，推进农业资源利用集约化、投入品减量化、废弃物资源化、产业模式生态化，构建人与自然和谐共生的农业发展新格局。

《"十四五"全国农业绿色发展规划》提出的五大重点任务

加强农业资源保护利用 提升可持续发展能力	加强耕地保护与质量建设	加强耕地质量建设、加强东北黑土地保护、加强退化耕地治理
	提高农业用水效率	发展旱作农业、集成推广节水技术、加强农业用水管理

（续）

加强农业资源保护利用 提升可持续发展能力	保护农业生物资源	加强农业物种资源保护、加强水生生物资源保护、加强外来入侵物种防控
加强农业面源污染防治提升产地环境保护水平	推进化肥农药减量增效	推进化肥减量增效、推进农药减量增效
	促进畜禽粪污和秸秆资源化利用	推进养殖废弃物资源化利用、推进秸秆综合利用
	加强白色污染治理	推进农膜回收利用、推进包装废弃物回收处置
加强农业生态保护修复提升生态涵养功能	治理修复耕地生态、推广节水灌溉、发展雨养农业	健全耕地轮作休耕制度、实施污染耕地治理
	保护修复农业生态系统	建设田园生态系统、保护修复森林草原生态、开发农业生态价值
	加强重点流域生态保护	推动长江经济带农业生态修复、加强黄河流域农业生态保护
打造绿色低碳农业产业链提升农业质量效益和竞争力	构建农业绿色供应链	推进农产品加工业绿色转型、建立健全绿色流通体系、促进绿色农产品消费
	推进产业集聚循环发展	促进产业融合发展、推动低碳循环发展
	实施农业生产"三品一标"行动	推进品种培优、品质提升、农业品牌建设、推进标准化生产
健全绿色技术创新体系强化农业绿色发展科技支撑	推进农业绿色科技创新	推进绿色技术集成创新，加快绿色农机装备创制，建设农业绿色技术创新载体

（续）

健全绿色技术创新体系强化农业绿色发展科技支撑	加快绿色适用技术推广应用	推进绿色科技成果转化、推进绿色技术先行先试、引导小农户应用绿色技术
	加强绿色人才队伍建设	健全基层农技推广服务体系、培育新型农业经营主体、培养绿色技术推广人才
	完善法律法规约束机制	健全法律法规体系、加大执法力度
健全体制机制增强农业绿色发展动能	健全政府投入激励机制	完善农业资源环境保护政策、健全生态保护补偿机制、建立多渠道投入机制
	建立市场价格调节机制	健全绿色价格机制、建立绿色产品市场价格实现机制、培育绿色农业交易市场

（三）人与自然和谐发展

党的十八大以来，习近平总书记多次从生态文明建设的宏阔视野提出"山水林田湖是一个生命共同体"的论断，强调"人的命脉在田、田的命脉在水、水的命脉在山、山的命脉在土、土的命脉在树"。这一重要论述，唤醒了人类尊重自然、关爱生命的意识和情感，喻示了人与自然关系的伦理考量对人类社会发展的深远影响，开启了新一轮在环境伦理语境中对自然价值观、理想人格、美德伦理、公平正义的探讨，为推进绿色发展和美丽中国建设提供了行动指南。

37. 低碳农业、资源节约型农业、循环农业、生态农业是什么？有什么区别？

低碳农业、资源节约型农业、循环农业、生态农业都是农业绿色发展的方式，侧重点各有不同。

低碳农业是在农业生产水平不断提高的前提下，通过制度创新、科技进步、能源结构调整，在农业生产、经营过程中尽量降低能源消耗强度，提高能源利用效率，减少农业对生态环境的污染，实现农业生产、经营过程中的低碳排放乃至零碳排放，获得最大社会经济效益的生态高值农业发展模式。

资源节约型农业是应用现代高新技术、装备和管理手段，采取节约、保护、循环利用现有资源的措施，达到经济效益和生态效益相统一的农业。具体说，节约型农业是以提高资源利用效率为核心，以节地、节水、节肥、节药、节种、节能和资源的综合循环利用为重点，以与之相配套的节约型技术推广为手段，以高效、低耗、无污染和可持续发展为目标的农业。

循环农业是采用循环生产模式的农业。按照专业的说法，循环农业是一种以资源的高效利用和循环利用为核心，以"减量化、再利用、资源化"为原则，以低消耗、低排放、高效率为基本特征的农业发展模式，这是一种符合经济可持续发展理念的模式。

生态农业是以生态经济系统原理为指导建立起来的资源、环境、效率、效益兼顾的综合性农业生产体系。即在保护农业生态环境的前提下，遵循生态学、生态经济学规律，运用系统工程方法和现代科学技术，集约化经营的农业发展模式。

	低碳农业	资源节约型农业	循环农业	生态农业
侧重点	低能耗、低污染、低排放	节约性、低耗性、集约性	减量化、再利用、再循环	三产循环结合、少用不用化学物质、发展可持续

（续）

	低碳农业	资源节约型农业	循环农业	生态农业
典型技术模式	A. 光伏＋渔业（渔光互补）水产养殖模式 B. 无人机植保模式 C. 旱作栽培技术模式	A. 无土栽培技术模式 B. 水肥一体化节水灌溉模式 C. 测土配方施肥模式	A. 稻渔综合种养循环模式 B. "果、草、畜、沼、水"五位一体循环模式 C. "秸秆—基料—食用菌"资源循环利用模式	A. 化肥、农药、农膜等投入品减量、替代模式 B. 太阳能杀虫灯诱杀技术模式 C. "鱼—桑—鸡"立体生态循环模式

38. 农业面源污染是指什么？

农业面源污染是指农村地区在农业生产过程中产生的未经合理处置的污染物对水体、土壤和空气及农产品造成的污染，主要包括化肥污染、农药污染和畜禽粪便污染等，具有位置、途径、数量不确定，随机性大，发生范围广，防治难度大等特点。例如农田中的土粒、氮素、磷素、农药重金属、农村禽畜粪便与生活垃圾等有机或无机物质，从非特定的地域，在降水和径流冲刷作用下，通过农田地表径流、农田排水和地下渗漏，使大量污染物进入受纳水体（河流、湖泊、水库、海湾）所引起的污染。

农业面源污染治理是当前生态环境保护工作的突出难点，2021年生态环境部牵头印发《农业面源污染治理与监督指导实施方案（试行）》（环办土壤〔2021〕8号），推进化肥减量使用。采用测土配方施肥技术，种植绿肥（苕子、豆科作物），推广水肥一体化技术，使用有机肥等。回收处置农膜和农药包装物。全面禁止秸秆焚烧。秸秆还田，制作有机肥等畜禽养殖粪污综合利用。

39. 农药是什么？化学农药、生物农药是什么？绿色农药是什么？

农药是指在农业生产中，为保障、促进植物和农作物的生长所施用的杀虫、杀菌、杀灭有害动物（或杂草）的药物统称；特指在农业上用于防治病虫以及调节植物生长、除草等药剂；根据原料来源分为有机农药、无机农药、植物性农药、微生物农药，以及动物源农药。

有机农药：是人工合成的化学农药

包括有机氯、有机磷、有机汞、有机砷、氨基甲酸酯类等制剂，是当今农药的主体

无机农药：大多数由矿物原料加工制成

品种较少，如波尔多液、石硫合剂等

植物性农药：是用植物产品制成

如除虫菊、烟草、鱼藤等

微生物农药：是用微生物及其代谢产物制造而成

如苏云金杆菌、白僵菌等

动物源农药：利用动物活体及其产物防治农业有害生物

如动物毒素、昆虫激素、昆虫信息素和天敌等

农药还可分为化学农药和生物农药。**化学农药**是通过化学人工合成的农药，也称有机农药，是当今农药的主体。具有见效快、选择性高、能大规模生产、不易消耗能量等特点，但具有毒性高、残留高、环境污染严重等缺点。**生物农药**是相对于化学合成农药，利用生物活体（真菌、细菌、昆虫病毒、转基

因生物、天敌等）或其代谢产物（信息素、生长素、萘乙酸
等）进行杀灭或抑制农业有害生物的制剂，有植物源农药、微
生物农药、动物源农药等。

绿色农药是指具有高效防治病菌、除去田里的杂草、杀灭
害虫的能力，同时对人畜、害虫天敌以及农作物自身安全，在
自然环境太阳和微生物的作用下能快速分解，在农产品中残留
低甚至无残留的农药，既有生物农药也有化学农药。

绿色农药的优点
具有非常高的生物活性，而且控制农药有害生物药效很高，单位面积使用量也很小
选择性高，而对农业有害生物的自然天敌却很友好，对其而言没有毒性或毒性非常小
品种特性纯天然无公害，或是生物生产，容易被人类、家畜和自然环境接受，且易降解
对农作物没有伤害
是加工剂型，挥发性有机含碳化合物的排放量较少，不会造成环境污染
生产过程中尽量不使用对人类健康和环境有毒有害的物质
低残留，对环境友好
不易产生生物抗药性

**40. 农作物病虫害绿色防控措施有哪些？农药使用如何
减量增效？**

农作物病虫害绿色防控是指采取生态控制、生物防治、物
理防治、药物防治等环境友好型措施来控制有害生物的有效行
为，是促进农业生产安全、农产品质量安全、农业生态安全和
农业贸易安全的有效途径。

✿**生态控制**：适当改进农业生产过程中各种技术环节，创造有利于农作物生产，不利于害虫繁殖的条件，避免虫害发生或减轻危害，包括合理的耕作制度、肥水条件、加强田间管理等方面的措施。

生物防治：利用害虫的天敌或干扰激素防治害虫的方法，包括微生物的利用，如细菌、真菌、病毒等；益虫及其他节肢动物的利用，如瓢虫、草蛉、赤小蜂等；脊椎动物的利用，如青蛙BT乳剂，防治食叶性害虫。

物理防治：利用各种物理因素灭杀作物病虫害的方法，如晒种、温汤浸种、烧土消毒、人工机械捕杀、毒饵诱杀、色板诱杀害虫、银灰色薄膜避蚜等。

药物防治：利用化学药剂防治害虫，是目前农作物防治害虫的最常用方法，具有见效快、防治效果好、使用方便、受地区及季节性限制较小等优点，但许多毒性较强，使用不当会造成人畜中毒、农作物发生药害，杀伤有益生物及污染环境，长期使用会增强抗药性。为安全、经济有效进行化学防治，必须掌握农作物害虫的发生规律、特征特性、农药常识，科学合理使用化学农药。

41. 肥料、新型肥料是什么？有机肥与化肥如何区别？化肥使用如何减量增效？

肥料是指能供给作物生长发育所需养分，改善土壤性状，提高作物产量和品质的物质，是农业生产中的一种重要生产资料。一般分为有机肥料、无机肥料、生物性肥料；按来源，分为农家肥料和化学肥料；按所含养料的多少，分为完全肥料和不完全肥料；按供肥的特点，分为直接肥料和间接肥料；按所含成分，分为氮素肥料、钾素肥料、微量元素肥料和稀土元素肥料。

新型肥料是肥料的一种，指由肥料生产企业研制生产，符合行业或企业标准，含有机、无机、微生物菌剂或兼有上述成分，经物理、化学、生物方法加工处理的新品种肥料，包括复混（合）肥、有机肥、有机-无机复混肥、微生物肥、叶面肥、缓控释肥等。正确施用可提高肥料利用率，达到增效增产、减量降污的目的，是发展高效、绿色、可持续农业的必然要求。

主要新型肥料定义及优势列表

名称	定义	优势
复混（合）肥	至少有两种养分标明量的由化学方法和（或）掺混方法制成的肥料	能同时供应作物多种速效养分，发挥养分间的相互促进作用
有机肥	农村中就地取材、就地积制的自然有机物肥料的总成。包括粪尿肥类、堆沤肥、秸秆类肥、绿肥类、土杂肥类、饼肥类、海肥类、腐殖酸类肥、农用废弃物类、沼气肥类	有机肥中的维生素、黑腐酸、黄腐酸、棕腐酸和低分子的有机酸、丁酸等，直接影响植物营养功能，还有生理活性和刺激作用，增强呼吸作用，促进根系生长，直接影响土壤性状
有机-无机复混肥	含有一定有机肥料的复混肥料	有机-无机肥配合使用能培育地力，提高肥料利用率，改善作物品质
微生物肥	是以微生物的生命活动导致作物得到特定肥料效应的一种制品	微生物肥料与化肥配合施用，既能保证增产，又能减少化肥使用量，还能改善土壤及作物品质，减少污染
叶面肥	通过作物叶片为作物提供营养物质的肥料	迅速补充营养，充分发挥肥效
缓控释肥	以各种调控机制使其养分释放延缓，延长植物对其有效养分吸收利用的有效期，使其养分按设定释放率和释放期缓慢或控制释放的肥料	水溶解度小，营养元素在土壤中释放缓慢，减少营养元素的损失；肥效长期、稳定，能源源不断地供给植物在整个生产期对养分的需求

　　化肥是用化学和（或）物理方法制成的含有一种或几种农作物生长需要的营养元素的肥料。有机肥俗称农家肥，以各种动物、植物残体或代谢物组成，供应有机物质，改善土壤理化性能，促进植物生长及土壤生态系统的循环，如人畜粪便、秸

秆、动物残体、屠宰场废弃物等。

有机肥与化肥的比较

	养分种类	养分浓度	有机质含量	起效
有机肥	多，氮、磷、钾、钙、镁、硫和微量元素都有	比较低	高	慢，经微生物分解释放养分
化肥	比较单一，种类有限	高	无	快，施用即发挥作用

化肥过量、不合理施用，易造成土壤肥力贫瘠退化、作物品质下降、水污染、生态环境恶化等问题。化肥减量增效旨在基于作物稳产的前提下，通过科学、高效、环保的施肥措施，减少化肥施用量、提高肥料利用率，实现农业节本增效、减少农业面源污染，保护农业生态环境。

化肥减量增效的具体举措

（1）测土配方施肥。以土壤养分化验结果和肥料田间试验为基础，根据种植农作物需肥规律、土壤供肥性能和肥料效应，在合理施用有机肥基础上，提出氮、磷、钾和中、微量元素等肥料的施用数量、施用时期和施用方法。

（2）增施有机肥料。包括秸秆还田、种植绿肥、增施有机肥料等。通过培肥土壤，提升土壤肥力，实现增产增收。

（3）灌溉和施肥同步进行。通过以水带肥，既节约灌溉用水，还提高化肥利用率。

（4）采用机械深施技术。通过氮肥深施，减少氮素挥发损失，提高化肥利用率。

（5）叶面施肥技术。通过作物叶面直接吸收，减少化肥损失，节省化肥用量。

（6）调整种植方式和结构。采用稻田生态种养，比如稻虾（鱼）综合种养等。通过减少耗肥量较大的作物的播种面积，增加低耗肥作物播种面积来达到化肥减量的效果。

（7）使用肥料新品种、施肥新器具。比如缓控释肥料、水溶性肥料、生物肥料等新型肥料和侧深施肥机等新型农机，达到化肥减量的目的。

42. 农业废弃物有哪些？如何综合利用？

农业废弃物是指农业生产过程中被丢弃的各类物质，主要为农、林、牧、渔业生产过程中产生的生物质类残余物和农资残余物，常见的有畜禽粪污、农作物秸秆、废旧农膜及农药包装物等五类。农业废弃物是放错位置的资源，通过就地消纳、能量循环、综合利用等方式实现资源化利用，可"变废为宝"。

规模化养殖场畜禽粪污综合利用一般有 7 种模式：粪水达标排放模式、粪污全量还田模式、粪便堆肥利用模式、粪水肥料化利用模式、粪污能源化利用模式、粪便基质化利用模式、粪便垫料化利用模式。

模式	处理方法	主要优点和不足	适用范围
粪水达标排放模式	进行厌氧发酵＋好氧处理等组合工艺进行深度处理，粪水达标排放，固体粪便堆肥发酵就近肥料化利用或委托他人集中处理	不需要建设大型粪水贮存池，可减少粪污贮存设施的用地 粪水处理成本高，大多养殖场难以承受	适用于养殖场周围没有配套农田的规模化猪场或奶牛场
粪污全量还田模式	对养殖场产生的粪便、粪水和污水集中收集，全部进入氧化塘贮存，氧化塘分为敞开式和覆膜式两类，粪污通过氧化塘贮存进行无害化处理，在施肥季节进行农田利用	粪污收集、处理、贮存设施建设成本低，处理利用费用也较低；粪便、粪水和污水全量收集，养分利用率高 粪污贮存周期长，需建氧化塘贮存设施；施肥期较集中，需配套专业化的搅拌、施肥机械等；粪污长距离运输费用高	适用于猪场水泡粪工艺或奶牛场的自动刮粪回冲工艺，粪污的总固体含量小于15%；需要与粪污养分量相配套的农田

（续）

模式	处理方法	主要优点和不足	适用范围
粪便堆肥利用模式	以生猪、肉牛、蛋鸡、肉鸡和羊规模养殖场的固体粪便为主，经好氧堆肥无害化处理后，就地农田利用或生产有机肥	好氧发酵温度高，粪便无害化处理较彻底，发酵周期短；堆肥处理提高粪便的附加值 好氧堆肥过程易产生大量的臭气	适用于只有固体粪便、无污水产生的家禽养殖场或羊场等
粪水肥料化利用模式	粪水经氧化塘处理储存后，在农田需肥和灌溉期间，将无害化处理的粪水与灌溉用水按照一定的比例混合，进行水肥一体化施用	为农田提供有机肥水资源 要有一定容积的贮存设施和配套消纳农田；配套建设粪水输送管网或购置粪水运输车辆	适用于周围配套有一定面积农田的畜禽养殖场，在农田作物灌溉施肥期间进行水肥一体化施用
粪污能源化利用模式	收集周边养殖场粪便和粪水，投资建设沼气工程，进行厌氧发酵，沼气发电上网或提纯生物天然气，沼渣生产有机肥农田利用，沼液农田利用或深度处理达标排放	集中统一处理粪污，减少零散养殖场粪污处理设施投资；专业运行，能源化利用效率高 一次性投资高；能源产品利用难度大；沼液产生量大集中，处理成本较高，需配套后续处理利用工艺	适用于大型规模养殖场或养殖密集区，具备沼气发电上网或生物天然气进入管网条件

（续）

模式	处理方法	主要优点和不足	适用范围
粪便基质化利用模式	以畜禽粪污、菌渣及农作物秸秆等为原料，进行堆肥发酵，生产基质盘和基质土应用于栽培果菜	循环利用，实现农业生产链零废弃、零污染的生态循环生产 生产链较长，精细化技术程度高，对生产者素质要求高	适用大中型生态农业企业、小型家庭农场
粪便垫料化利用模式	对粪污进行固液分离，固体粪便进行好氧发酵无害化处理后回用作为牛床垫料，污水贮存后作为肥料进行农田利用	牛粪替代沙子和土作为垫料，减少粪污后续处理难度 作为垫料如无害化处理不彻底，可能存在一定的生物安全风险	适用于规模奶牛场
粪便饲料化利用模式	干清粪与蚯蚓、蝇蛆及黑水虻等动物蛋白进行堆肥发酵，生产有机肥，发酵后的蚯蚓、蝇蛆及黑水虻等动物蛋白用于制作饲料等	实现粪便处理集约化管理，无二次排放及污染，实现生态养殖 动物蛋白饲养温度、湿度、养殖环境的透气性要求高，要防止鸟类等天敌的偷食	适用于远离城镇，养殖场有闲置地，周边有农田，农副产品较丰富的中、大规模养殖场
粪便燃料化利用模式	畜禽粪便经过搅拌后脱水加工，进行挤压造粒，生产生物质燃料棒。（生物干化、生物质压块燃料）	制成生物质环保燃料，成本低，减少二氧化碳和二氧化硫排放量 粪便脱水干燥能耗较高	适用于城市和工业燃煤需求量较大的地区

秸秆综合利用有以下几种模式：①**秸秆变肥料还田，提升耕地质量。**因地制宜示范推广秸秆科学还田适用技术，形成适应机械化生产、助力后茬作物稳产优质的秸秆还田规程，推进秸秆就近就地轻简化科学还田，提高土壤钾素利用率，促进农田土壤固碳增汇，巩固提升土地综合生产能力。②**秸秆变饲料养畜，减少粮食消耗。**推进生物菌剂、酶制剂、饲料加工机械等应用，加快秸秆青（黄）贮、颗粒、膨化、微贮等技术产业化，促进秸秆饲料转化增值，提升秸秆在种养循环中的纽带作用，壮大秸秆养畜产业。③**秸秆变能源降碳，助力"双碳"工作。**有序发展秸秆为原料的成型燃料、打捆直燃、沼气工程、热解气化等生物质能利用，提升农村清洁用能比例。在乡村社区、园区以及公共机构等推广打捆直燃集中式供热、成型燃料＋生物质锅炉供热、成型燃料＋清洁炉具分散式供暖等模式。④**秸秆变基质原料，培育富民产业。**推动以秸秆为原料生产食用菌基质、育苗基质、栽培基质等，用于菌菇生产、集约化育苗、无土栽培、改良土壤等。鼓励以秸秆为原料，生产非木浆纸、人造板材、复合材料等产品，延伸农业产业链。

地膜主要成分聚乙烯，地膜难以在短期内降解，破坏土壤结构，阻隔农作物对水肥的吸收从而影响农作物生长，农田残留地膜又造成污染，俗称农业"白色污染"。为治理农业"白色污染"，要科学合理使用地膜，同时要加强回收再利用。

农膜回收再利用模式	
回收-分离筛选-清洗-资源化利用模式	离田残膜筛选去杂、清洗后进行塑料颗粒造粒进入再利用环节，适用于马铃薯、蔬菜瓜果等小根茬作物，回收的残膜杂质较少，易于再利用的作物
回收-打捆-垃圾焚烧发电能源化利用模式	将秸秆和地膜混在一起集中打捆，送往热电厂集中焚烧。适用于根茬较大的作物，如玉米、向日葵等

回收–精选–塑料制品利用模式	废旧塑料热熔后直接压制成型，对地膜中混杂的根茬土石等净度要求没有造粒要求高，可以生产塑料周转筐、园林篱笆、市政设施等。适用于超薄废弃农膜，难于分离筛选的情况

43. 受污染耕地有哪些危害？需要怎样治理？

具有生理毒性的物质或过量的植物营养元素进入土壤而导致土壤性质恶化和植物生理功能失调的现象，被称为土壤污染；同时土壤与水域、大气和生物之间也在不断进行物质交换，一旦发生污染，三者之间就会有污染物质相互传递。当作物从土壤中吸收和积累的污染物通过食物链传递给人类后，就会影响人体健康，不仅影响当代人，还可能影响到下一代人。

案例分析：
浙江省常山县推广"良法"换"良谷"，以严格管控类耕地种植结构调整为切入点，推出"良方、良言、良药、良家""四良"模式。将种植水稻改为换种食用竹、高粱、常山胡柚、香柚等镉低积累的作物。该县辉埠镇计划利用3 947亩严格管控类耕地，打造以胡柚+香柚为主的"双柚"种植区，在提高严格管控类耕地农作效益的同时，不断壮大地方特色农业产业。

44. 农业如何节水？

农业节水包括农艺措施、工程类措施和管理类措施三大类。农艺节水是指适水种植、深耕或保护性耕作、覆盖保墒和作物栽培等技术。

农艺节水

（1）**种植耐旱作物品种。**种植耐旱作物品种是实施节水工程最直接和最有效的措施。

（2）**实施测土配方施肥。**测土配方施肥是以土壤测试和田间试验为基础，根据作物需肥规律、土壤供肥性能、肥料效应等，来调节和解决作物需肥与土壤供肥之间的矛盾，有针对性地补充作物所需营养元素，实现各种养分的平衡供应，满足作物肥料需求。如果在各种作物的种植过程中采取测土配方施肥，就可不断减少化肥使用量，减少土壤面源污染；不断增加有机肥，改善土壤结构，培肥土壤地力；提高作物产量和农产品品质。

（3）**精细整地和蓄水保墒。**精细整地和蓄水保墒是夺取农作物全苗且保证丰收的关键。因此，在前茬作物收获后，要及时做好精细整地和蓄水保墒工作。播种后保墒，可以减少土壤水分蒸发、减少灌溉单元。

（4）**推广使用抗旱保水剂。**抗旱保水剂被人们称为微型水库，是一种三维网状结构的有机高分子聚合物，可将土壤中的雨水迅速吸收并保存，变为固态水而不流动、不渗失，长期保持恒湿，天旱时会缓慢释放供给作物利用。

（5）**地膜覆盖。**地膜覆盖可使蒸发的水分在膜内形成水珠后再落入地表浇灌作物和湿润土壤，从而减少土壤水分损失；还可保蓄土壤水分，提高土壤水分利用率；同时也可提高地温，促进农作物正常生长发育。

（6）**土壤深松。**土壤深松是保护性耕作的重要技术环节之一。用土壤深松机将土壤深松到 40 厘米左右，达到上虚下实。

（7）**秸秆粉碎还田。**大力推广秸秆粉碎还田技术，可增加土壤中的微生物，增强土壤中水、肥、气、热的协调能力，以提高土壤保水能力，延迟作物灌水周期，减少作物灌水量。

（8）**坡地综合治理**。将坡地改造成水平等高台地，实行水平等高耕作，使土壤有效积蓄雨水，减少水土流失。

作物在水平台地上采取沟垄或穴窝种植，即农作物种在沟底或穴内，相当于抗旱深种。沟底或穴内可积蓄雨水，减少雨水地表径流，待作物抽穗扬花时，结合追肥培土，将原土垄培向作物根部，防止作物倒伏。

在台地路边、沟边种植果树，梯岸梯壁种植牧草，不但可以发展农业经济，还可提高耕地土壤水分涵养率。

工程节水是指：渠系输水节水措施、田间灌水节水措施和改进地面灌水技术。

工程节水

（1）**泵站改造**。泵站灌水是通过动力机的机械能转变为所抽送水的水力能将水扬至高处田间或远处田间。泵站灌水与渠道输水相比，具有水位高、速度快、节省水等优点。

（2）**渠道防渗**。渠道输水是目前我国农田灌溉的主要输水方式。渠道渗漏是农田灌溉用水损失的主要原因，应该及时对渠道进行防渗处理，才能提高渠道输水效果。渠道输水具有输水快、有利于农业生产抢季节等优点，是当前我国节水灌溉的主要措施之一。

（3）**管道输水**。管道输水是利用水管将水直接送到田间灌溉，减少水在明渠输送过程中的渗漏和蒸发损失。常用的管材有：混凝土管、塑料硬（软）管及金属管等。管道输水与渠道输水相比，具有输水迅速、节水、省地、增产

等优点，还可采取配套喷灌、滴灌、微灌等田间节水措施，用于更大范围的农业灌溉。

滴灌是利用塑料管道将水通过直径约10毫米毛管上的孔口或滴头，把水送到作物根部进行局部灌溉的方法。主要用于林苗、林果、蔬菜等灌溉。它是目前我国干旱缺水地区最有效的一种节水灌溉方式。滴灌具有省水、滴水润湿作物根部附近土壤、滴水流量小、不发生地表径流、不深层渗漏等优点，水的利用率可达95%，能适时适量按作物生长需求供水。滴灌分为固定式、半固定式、移动式3种。

喷灌是利用管道将有压水送到灌溉地段，并通过喷头分散成细小水滴，均匀地喷洒到田间，对作物进行喷灌的方法。作为一种先进的机械化、半机械化灌水方式，喷灌已在很多发达国家广泛采用。其优点是：节水效果显著，水的利用率达80%；有利于抢季节、保全苗、改善田间小气候和农业生态环境；可大大减少田间渠系建设和管理维护等工作量；减少农民用于灌水的费用及劳动力；有利于加快实现农业机械化、产业化、现代化。常用的喷灌设备设置方式有管道式、平移式、中心支轴式、卷盘式和轻小型机组式。

微灌是我国新发展起来的一种微型喷灌形式，是利用塑料管道输水，通过微喷头喷洒对作物进行局部灌溉的方法。主要用于果树、花卉、草坪、温室大棚等较高经济作物的灌溉。整个管道输水，很少有沿程渗漏和水分蒸发损失，可以节约水资源。微灌能适时适量地按作物生长需要供水，能够有效地控制每个灌水器的出水量，灌水均匀度很高，比一般喷灌更省水；能够改善田间小气候；还可以结合施用化肥，提高肥料使用效率。

管理节水是指改进灌溉制度、建立节水技术服务体系、改进水源管理、改革水管理体制、政策与法规、制定合理水价标准与水费计收办法。

45.什么是农业碳汇？农业农村如何减排固碳？

碳汇是指通过植树造林、植被恢复等措施，利用植物光合作用吸收大气中的二氧化碳，并将其固定在植被和土壤中，从而减少温室气体在大气中浓度的过程、活动或机制。

在自然和人为活动的影响下，农业除了会产生碳排放以外，还具有碳汇功能。农业碳汇，是指通过改善农业管理、改变土地利用方式、育种技术创新、植树造林等方式，吸收二氧化碳的过程、活动或机制。

提升农田碳汇的做法很多，施用有机肥，将秸秆科学还田，使用绿肥种植、粮豆轮作、有机无机肥配施等技术。实施保护性耕作，因地制宜推广秸秆覆盖还田免少耕播种技术。加强高标准农田建设，提高水土资源利用效率。

《农业农村减排固碳实施方案》中的六大重点任务

（1）种植业节能减排	在强化粮食安全保障能力的基础上，优化稻田水分灌溉管理，降低稻田甲烷排放。推广优良品种和绿色高效栽培技术，提高氮肥利用效率，降低氧化亚氮排放
（2）畜牧业减排降碳	推广精准饲喂技术，推进品种改良，提高畜禽单产水平和饲料报酬，降低反刍动物肠道甲烷排放强度。提升畜禽养殖粪污资源化利用水平，减少畜禽粪污管理的甲烷和氧化亚氮排放
（3）渔业减排增汇	发展稻渔综合种养、大水面生态渔业、多营养层次综合养殖等生态健康养殖模式，减少甲烷排放。有序发展滩涂和浅海贝藻类增养殖，建设国家级海洋牧场，构建立体生态养殖系统，增加渔业碳汇潜力。推进渔船渔机节能减排

（续）

（4）农田固碳扩容	落实保护性耕作、秸秆还田、有机肥施用、绿肥种植等措施，加强高标准农田建设，加快退化耕地治理，加大黑土地等保护力度，提升农田土壤的有机质含量。发挥果园茶园碳汇功能
（5）农机节能减排	加快老旧农机报废更新力度，推广先进适用的低碳节能农机装备，降低化石能源消耗和二氧化碳排放。推广新能源技术，优化农机装备结构，加快绿色、智能、复式、高效农机化技术装备普及应用
（6）可再生能源替代	因地制宜推广应用生物质能、太阳能、风能、地热能等绿色用能模式，增加农村地区清洁能源供应。推动农村取暖炊事、农业生产加工等用可再生能源替代，强化能效提升

46. 农村有哪些方面可以实施可再生能源替代？

农村可利用的可再生能源有：生物质能、地热能、太阳能、风能、空气能、海洋能、沼气等，在我国农村因地制宜推广应用这些可再生能源，可以替代传统化石能源，增加农村地区清洁能源功能，节能降碳，提升效能。常见的有：

（1）农村沼气、生物天然气、地热能等替代散煤等化石能源，实现供热采暖、发电上网、炊事活动等。

（2）生物质成型燃料配套清洁炉具和生物质锅炉，替代散煤等化石能源，实现清洁取暖、炊事用能等。

（3）太阳能热水器、太阳能灯、太阳房、光伏农业、风能替代传统电能，实现照明制热。

47. 什么是"四好农村路"？

"四好农村路"是习近平总书记在 2014 年提出的，是指"建好、管好、护好、运营好"农村公路。之后不断提质扩面，健全完善，稳步推进"四好农村路"示范创建从区域示范引领向全域达标发展转变。

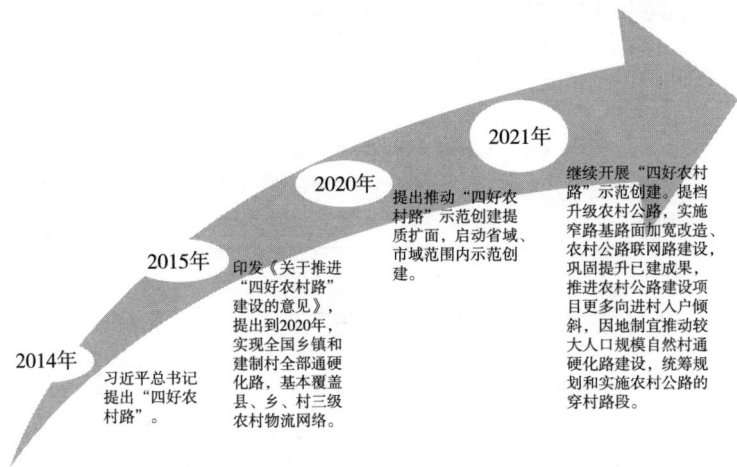

2014年
习近平总书记提出"四好农村路"。

2015年
印发《关于推进"四好农村路"建设的意见》，提出到2020年，实现全国乡镇和建制村全部通硬化路，基本覆盖县、乡、村三级农村物流网络。

2020年
提出推动"四好农村路"示范创建提质扩面，启动省域、市域范围内示范创建。

2021年
继续开展"四好农村路"示范创建。提档升级农村公路，实施窄路基路面加宽改造、农村公路联网路建设，巩固提升已建成果，推进农村公路建设项目更多向进村入户倾斜，因地制宜推动较大人口规模自然村通硬化路建设，统筹规划和实施农村公路的穿村路段。

"四好农村路"助力乡村振兴五大工程

骨干路网提档升级工程	加快推进乡镇及主要经济节点对外快速骨干农村公路建设，有序实施老旧公路改造和过窄农村公路拓宽改造或错车道建设，强化农村公路与干线公路、城市道路以及其他运输方式的衔接。加强革命老区、民族地区、边疆地区、欠发达地区、垦区林区等农村公路建设
基础路网延伸完善工程	推进农村公路建设项目更多向进村入户倾斜，因地制宜推进较大人口规模自然村（组）、抵边自然村通硬化路建设。有序实施具备条件的建制村通双车道公路建设。加强通村公路和村内道路连接，统筹规划和实施农村公路的穿村路段，兼顾村内主干道功能
安全保障能力提升工程	扎实开展公路安全设施和交通秩序管理精细化提升行动，持续深化农村公路"千灯万带"示范工程，加强农村公路及其桥梁隧道隐患排查和整治，实施和完善农村公路安全生命防护工程，深入开展危旧桥梁改造

（续）

产业融合 发展工程	大力发展"农村公路＋"模式，促进农村公路与产业深度融合发展，加快乡村产业路、旅游路、资源路建设，改善农村主要经济节点对外公路交通条件，服务乡村产业发展
服务水平 提升工程	以交旅融合路段为重点，完善农村公路沿线服务设施，有效利用农村客货场站、养护道班等设施，拓展开发停车、充电、购物、休闲、观光等服务功能，以信息化技术赋能农村公路高质量发展，提升农村公路服务能力和可持续发展能力

48. 水源地是什么？如何保护？

水源地是提供动植物生存和城镇居民生活及公共服务用水（如政府机关、企事业单位、医院、学校、餐饮业、旅游业等用水）取水工程的水源地域，包括河流、湖泊、水库、冰川、地下水等。水源地包括饮用水水源地、农业供水水源地、工业供水水源地，地表水源地主要水体应满足《地表水环境质量标准》（GB 3838－2002）相应标准。

饮用水水源地	农业供水水源地	工业供水水源地
·应符合Ⅱ类水质以上标准	·应符合Ⅴ类水质以上标准	·应符合Ⅳ类水质以上标准

为防治水源地污染、保证水源地环境质量，各类水源地均按照不同的水质标准和防护要求分级保护，分为一级保护区和二级保护区，必要时可增设准保护区。跨地区的河流、湖泊、水库、输水渠道，其上游地区不得影响下游饮用水水源保护区对水质标准的要求。例如饮用水水源地保护分地表水源保护区和地下水水源保护区，分一级保护区、二级保护区和准保护区。

	一级保护区	二级保护区	准保护区
饮用水地表水源保护区	●禁止新建、扩建与供水设施和保护水源无关的建设项目 ●禁止向水域排放污水，已设置的排污口必须拆除 ●不得设置与供水需要无关的码头，禁止停靠船舶 ●禁止堆置和存放工业废渣、城市垃圾、粪便和其他废弃物 ●禁止设置油库 ●禁止从事种植、放养畜禽和网箱养殖活动 ●禁止可能污染水源的旅游活动和其他活动	●禁止新建、改建、扩建排放污染物的建设项目 ●原有排污口依法拆除或者关闭 ●禁止设立装卸垃圾、粪便、油类和有毒物品的码头	●禁止新建、扩建对水体污染严重的建设项目；改建建设项目，不得增加排污量
饮用水地下水源保护区	●禁止建设与取水设施无关的建筑物 ●禁止从事农牧业活动 ●禁止倾倒、堆放工业废渣及城市垃圾、粪便和其他有害废弃物 ●禁止输送污水的渠道、管道及输油管道通过本区 ●禁止建设油库 ●禁止建立墓地	●禁止建设化工、电镀、皮革、造纸、制浆、冶炼、放射性、印染、染料、炼焦、炼油及其他有严重污染的企业，已建成的要限期治理，转产或搬迁 ●禁止设置城市垃圾、粪便和易溶、有毒有害废弃物堆放场和转运站，已有的上述场站要限期搬迁 ●禁止利用未经净化的污水灌溉农田，已有的污灌农田要限期改用清水灌溉	●禁止建设城市垃圾、粪便和易溶、有毒有害废弃物的堆放场站，因特殊需要设立转运站的，必须经有关部门批准，并采取防渗漏措施

（续）

一级保护区	二级保护区	准保护区
饮用水 地下水源 保护区	●化工原料、矿物油类及有毒有害矿产品的堆放场所必须有防雨、防渗措施 ●禁止承压水和潜水的混合开采，做好潜水的止水措施	

49. 农村饮水安全的标准是什么？有哪些供给方式？

农村饮水安全，指农村居民能及时取得足量够用的生活饮用水，且长期饮用不影响人身健康。农村饮水安全评价指标包括水量、水质、用水方便程度和供水保证率四项：

（1）**水量。**每人每天可获得的水量不低于 40～60 升为安全，20～40 升为基本安全。采用分散供水的干旱缺水地区每人每天可获得的水量不低于 20 升。

（2）**水质。**符合国家《生活饮用水卫生标准》（GB 5749—2006）的要求。

（3）**用水方便程度。**人力取水往返时间不超过 10 分钟为安全，20 分钟为基本安全。平原和丘陵地区实现供水到户，偏远山区和牧区可到集中供水点。

（4）**供水保证率。**水源保证率在严重缺水地区不低于90％，其他地区不低于 95％。

供水方式主要有三种：

（1）**集中式供水。**自水源集中取水，通过输配水管网送到用户或者公共取水点的供水方式。

（2）**二次供水。**集中式供水在入户之前经再度储存、加压和消毒或深度处理，通过管道或容器输送给用户的供水方式。

（3）分散式供水。按户分散地直接从水源（如井水、山泉水）取水，未经任何设施或仅有简易设施的供水方式，如浅井、深井、插管井、泉水、河水、塘水、窖水等供水。

50. 农村人居环境整治提升五年行动有哪些主要内容？

为了改善农村人居环境，中共中央办公厅、国务院印发了《农村人居环境整治提升五年行动方案》（2021—2025 年），提出到 2025 年，农村人居环境显著改善，生态宜居美丽乡村建设取得新进步。农村卫生厕所普及率稳步提高，厕所粪污基本得到有效处理；农村生活污水治理率不断提升，乱倒乱排得到管控；农村生活垃圾无害化处理水平明显提升，有条件的村庄实现生活垃圾分类、源头减量；农村人居环境治理水平显著提升，长效管护机制基本建立。

《农村人居环境整治提升五年行动方案（2021—2025 年）》提到的分区行动目标

东部地区、中西部城市近郊区等有基础、有条件的地区	全面提升农村人居环境基础设施建设水平，农村卫生厕所基本普及，农村生活污水治理率明显提升，农村生活垃圾基本实现无害化处理并推动分类处理试点示范，长效管护机制全面建立
中西部有较好基础、基本具备条件的地区	农村人居环境基础设施持续完善，农村户用厕所愿改尽改，农村生活污水治理率有效提升，农村生活垃圾收运处置体系基本实现全覆盖，长效管护机制基本建立
地处偏远、经济欠发达的地区	农村人居环境基础设施明显改善，农村卫生厕所普及率逐步提高，农村生活污水垃圾治理水平有新提升，村容村貌持续改善

51. 农村厕所革命有哪些主要内容？

厕所是衡量文明的重要标志，厕所革命是指对发展中国家的厕所进行改造的一项举措,最早由联合国儿童基金会提出,改善厕所卫生状况直接关系到这些国家人民的健康和环境状况。农村厕所革命是改造农村厕所,改善农村人居环境,推动改变农民传统卫生习惯的一系列举措。

《农村人居环境整治提升五年行动方案（2021—2025 年）》
提到的推进农业厕所革命三大任务

(1) **逐步普及农村卫生厕所。**新改户用厕所基本入院,有条件的地区要积极推动厕所入室,新建农房应配套设计建设卫生厕所及粪污处理设施设备。重点推动中西部地区农村户厕改造。合理规划布局农村公共厕所,加快建设乡村景区旅游厕所,落实公共厕所管护责任,强化日常卫生保洁。

(2) **切实提高改厕质量。**科学选择改厕技术模式,宜水则水、宜旱则旱。技术模式应至少经过一个周期试点试验,成熟后再逐步推开。严格执行标准,把标准贯穿于农村改厕全过程。在水冲式厕所改造中积极推广节水型、少水型水冲设施。加快研发干旱和寒冷地区卫生厕所适用技术和产品。加强生产流通领域农村改厕产品质量监管,把好农村改厕产品采购质量关,强化施工质量监管。

(3) **加强厕所粪污无害化处理与资源化利用。**加强农村厕所革命与生活污水治理有机衔接,因地制宜推进厕所粪污分散处理、集中处理与纳入污水管网统一处理,鼓励联户、联村、村镇一体处理。鼓励有条件的地区积极推动卫生厕所改造与生活污水治理一体化建设,暂时无法同步建设的应为后期建设预留空间。积极推进农村厕所粪污资源化利用,统筹使用畜禽粪污资源化利用设施设备,逐步推动厕所粪污就地农消纳、综合利用。

目前农村无害化厕所有六种类型：

(1) **三格化粪池式。**是利用寄生虫卵的比重大于粪尿混合液而产生的沉淀作用及粪便密闭厌氧发酵除去和杀灭寄生虫卵及病菌,控制蚊蝇滋生,从而达到粪便无害化的目的。第一格（池）将新鲜粪便和分解发酵的沉渣留下；第一格（池）的粪液流入第二格（池）进一步发酵和沉淀残留的寄生虫卵；第三格（池）贮存达到无害化处理后形成的粪液。三格化粪池结构简单,便于启动和管理,处理效果好,造价相对完整下水道水冲式厕所较低,在我国农村得到了广泛应用。

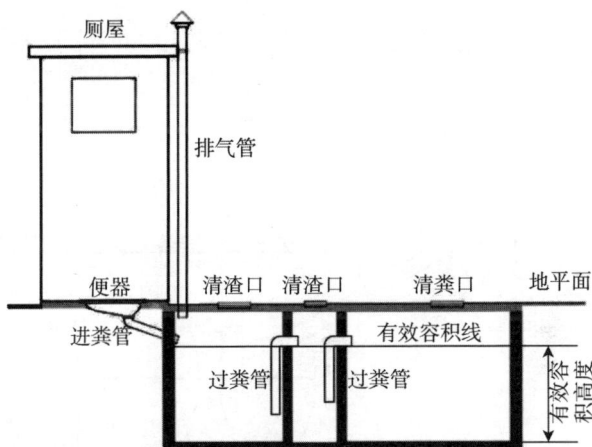

（2）**双瓮漏斗式**。地下部分主要由前后 2 个瓮型贮粪池、进粪管和过粪管组成。它的运行原理与三格化粪池较类似。前瓮使粪便充分厌氧发酵、沉淀分层，去除粪便内的病原微生物和病虫卵。后瓮除进一步发酵外，还用来储存粪液。双瓮可用陶土、水泥或塑料制成，可以直接在传统旱厕的粪坑中埋入双瓮，简化了建造流程，在欠发达的农村地区较受欢迎。

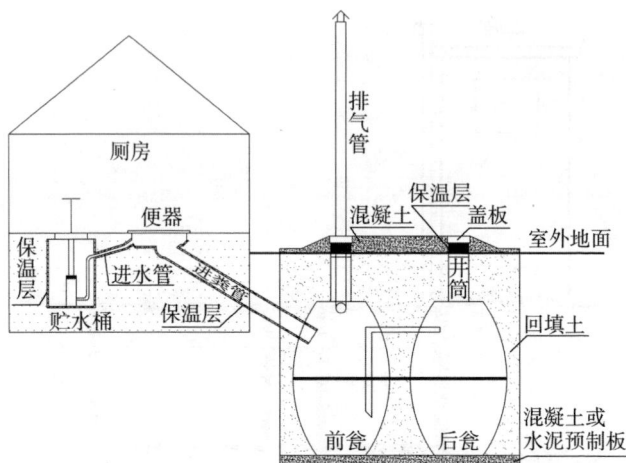

（3）**三联式沼气池式。**是指厕所、畜禽舍和沼气池相连通，人和畜禽的粪便分别经卫生厕所便器和畜粪池收集后进入发酵间厌氧发酵，产生的沼气由活动盖上的沼气管输出。沼气池厕所实现了营养物质回收利用和能源再生，同时还解决了传统畜禽饲养模式导致的环境污染和卫生问题。此类厕所适合在我国气候温暖、经济条件较好的农村地区。

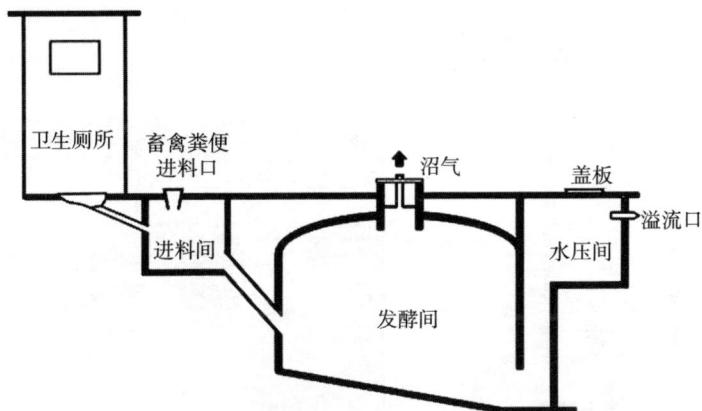

　　（4）**粪尿分集式**。是采用粪尿分集式便器将粪尿分别收集
的一类厕所。粪便在重力作用下落入贮粪池中，后添加适量干
灰（草木灰、炉灰、庭院土等），干燥脱水使粪便达到无害化，
集满后外运集中处理。尿液收集在贮尿池中一段时间后可用作
尿肥。非水冲的粪尿分集能够减少粪便的处理量，还能利用尿
液中丰富的氮磷钾等营养物质。此类厕所的建造成本很低，且
不需要水冲，无须考虑结冰的问题，因此它适用于干旱、寒冷

地区。

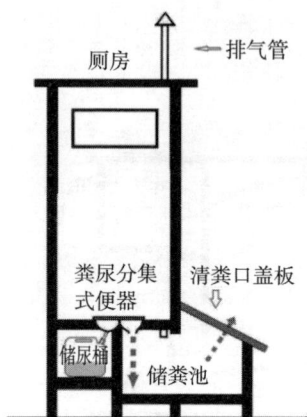

（5）双坑交替式。是两个粪坑交替使用，使用其中一个时另一个封闭作堆肥处理。当将用满时，再将堆肥厕坑的粪便清掏后使用，实现双坑交替，当粪池积满时用固定盖板封存起来发酵，清理另一粪池并启用。启用时应先加适量水，确保后期粪便进入化粪池液化发酵的需要。此类厕所结构简单，易于在传统旱厕基础上改造，造价低廉。

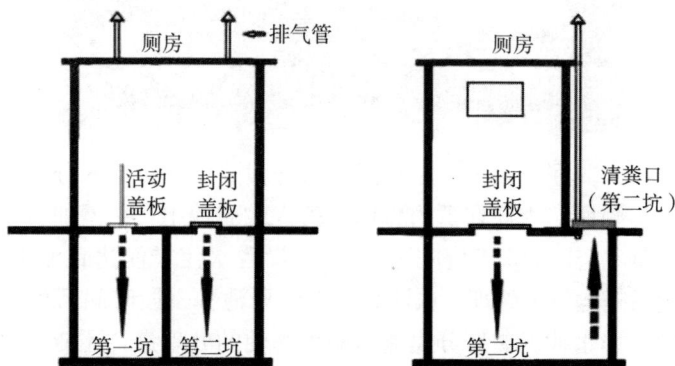

（6）**完整下水道水冲式**。是将水冲式厕所的污水经单格化粪池或直接排放至污水管网，并输送至污水集中处理系统进行集中处理。这种厕所卫生方便，舒适度高，但改造的前提是有完整的上下水道系统且污水集中处理系统能够正常运行。此类厕所适合于城镇化程度较高、居民集中、环境敏感区周边的城郊或农村地区。在地方改厕规范中，均明确要求有城镇污水管网覆盖的乡村和社区推广完整上下水道水冲式厕所。

52. 农村生活污水处理有哪些模式？

主要分为集中处理和分散处理两类。集中处理模式有：生物接触氧化、A/O 工艺、人工湿地、氧化塘、厌氧处理、土壤处理等；分散处理模式有户用沼气池、化粪池、小型一体式污水处理设备等。常见的主要有以下几种：

厌氧生物处理技术无须曝气充氧，产泥量少，是一种低成本、易管理的污水处理技术，能够满足农村生活污水处理的技术要求。农村污水处理中常见工艺有厌氧生物滤池和复合厌氧处理技术。

好氧生物处理技术是在有氧条件下，利用好氧微生物（包括兼性微生物）的作用对污染物进行处理的方法，去除率可达到 90％以上，一般比较适合经济条件较好或对出水要求较高的村庄。适合农村生活污水处理的好氧工艺有生物转鼓、生物转盘、SBR、生物滤池、氧化沟等。

人工湿地主体由土壤和按一定级别充填的填料等组成，并在床表面种植水生植物而构成一个独特的生态系统。

地下渗滤是将污水有控制地投配到距地表一定深度、具有一定构造和良好扩散性能的士层中，使污水在土壤的毛细管浸润和渗滤作用下，向周围运动达到净化目的。

生态塘是从氧化塘发展而来的污水生态化处理技术，主要进行污水的二级深度处理。它是利用水体自然净化能力处理污水的天然或人工池塘，在太阳能作为初始能源的推动下，借助菌藻共生强化系统去除有机物，以水生植物和水产、水禽的形式作为资源回收，净化的污水也可作为再生水资源予以回收利用，实现污水处理资源化，是生态处理的发展方向。

一体化污水处理是将污水处理工艺、设备集成于一体，方便运输、组合、外观整齐，一般为碳钢材质，可地埋设置，能够自动运行，适用于水量不太大，有节地要求的场合。

以上处理技术各有优缺点，可以单独使用也可以组合使用，实际工作中应根据村庄所处地域、人口规模、聚集程度、地形地貌、排水特点及排放要求，结合当地经济承受能力等，采用适宜的污水收集和处理模式进行农村生活污水处理。

53. 农村厕所革命与生活污水治理如何有机衔接？

把农村改厕和生活污水处理统筹起来推进，因地制宜推进厕所粪污分散处理、集中处理与纳入污水管网统一处理，鼓励联户、联村、村镇一体化处理。鼓励有条件的地区推动卫生厕所改造与生活污水治理一体化建设，逐步推动厕所粪污就地消纳、综合利用。

案例分析：
　　福州探索农村污水处理新途径，将"厕所革命"与污水处理结合。在部分三格化粪池处理出水不达标且较为集中的区域，引进净化槽农村污水处理设备。在三格化粪池处理的基础上再接入该设备进行二次处理，处理后的水质可达到一级B类、甚至一级A类排放标准，可以直接排入附近溪水中。

54. 房前屋后河塘沟渠黑臭，怎么办？

治理农村黑臭水体是解决农村突出水环境问题，改善农村人居环境的重要内容，重点是对房前屋后河塘沟渠实施清淤疏浚，采取综合措施恢复水生态。例如山东省泰安市宁阳县蒋集镇将解决广大农民群众关心、直接、现实的农村房前屋后河塘沟渠黑臭水体问题作为改善农村人居环境的重要抓手，农村人居环境得到显著提升。主要采取以下四项措施：

一是深入排查。对全镇35个行政村展开黑臭水体排查，对确认的黑臭水体实行干部包保到位，同时全面查找分析原因，因地制宜制定详细的治理方案，形成黑臭水体台账和"一村一策"整治清单。

二是分类治理。为改善农村水生态环境质量，切实改善村容村貌，对较为集中的农村生活污水，依托城镇5个污水处理厂集中处理。对较为分散已经造成水体污染的农村黑臭水体，采取控源截污、清淤疏浚、水体净化等一系列措施，合力消除污染源。

三是多管齐下。统筹人居环境常态化保洁、农村垃圾处理、畜禽粪污治理等工作，推进有机废弃物资源化利用，实现再生能源循环利用和畜禽粪污资源化循环利用。

55.农村生活垃圾如何分类？如何治理？

根据《生活垃圾分类标志》（GB/T 19095—2019），生活垃圾分为四大类11小类。各地方可因地制宜，统筹县乡村三级设施建设和服务，完善农村生活垃圾收集、转运、处置设施和模式，因地制宜采用小型化、分散化的无害化处理方式，降低收集、转运、处置设施建设和运行成本，加强日常监督。农村生活垃圾宜实施源头分类减量，减少外运出村的垃圾种类、数量和频率。严禁露天堆放、露天焚烧，严禁向河、湖、池塘等水域倾倒垃圾，不应将未经分类的农村生活垃圾作为建筑回填土用于道路路基和房屋基础建设。分类处理不同垃圾：对于可回收垃圾——资源化利用；对于易腐烂垃圾和煤渣灰土——

序号	大类	小类
1	可回收物	纸类
2		塑料
3		金属
4		玻璃
5		织物
6	有害垃圾	灯管
7		家用化学品
8		电池
9	厨余垃圾	家庭厨余垃圾
10		餐厨垃圾
11		其他厨余垃圾
12	其他垃圾	

除上述4大类外，家具、家用电器等搭建垃圾和专修垃圾应单独分类。

"厨余垃圾"也可称为"湿垃圾"。
"其他垃圾"也可称为"干垃圾"。

可回收物 Recyclable
如报纸、纸箱、书本、广告单、塑料瓶、塑料玩具、油桶、酒瓶、玻璃杯、易拉罐、旧铁锅、旧衣服、包、旧玩偶、旧数码产品、旧家电等

有害垃圾 Hazardous Waste
如废电池（充电电池、铅酸电池、镍镉电池、纽扣电池等）、废油漆、消毒剂、荧光灯管、含汞温度计、废药品及其包装物等

厨余垃圾 Food Waste
如菜帮菜叶、瓜果皮壳、鱼骨鱼刺、剩菜剩饭、茶叶渣、残枝落叶、调料、过期食品等

其他垃圾 Residual Waste
如餐盒、餐巾纸、湿纸巾、卫生间用纸、塑料袋、食品包装袋、污染严重的纸、烟蒂、纸尿裤、一次性杯子、大骨头、贝壳、花盆等

就地就近消纳；对于有毒有害垃圾——单独收集储存和处置；对于其他垃圾——无害化处理。

2015 年 12 月 3 日，住房城乡建设部等 10 部门印发《农村生活垃圾治理验收办法》，设置的验收内容、标准对于农村生活垃圾治理具有较好的指导和参考意义。

农村生活垃圾治理现场核查评价表

评价项目		评价内容	调查方式	评价结果	
				合格	不合格
陈年垃圾	1	田野、村头、道路沿线、村内空地等区域是否有陈年积存垃圾（占地）	走访、查看、拍照	□无； □1～3 处	□4 处以上
公共环境	2	村内主要道路沿线是否有临时性垃圾	查看、拍照	□0～5 处； □6～9 处	□10 处以上
	3	村内河流、沟渠是否有漂浮垃圾	查看、拍照	□0～5 处； □6～9 处	□10 处以上
	4	农户房前屋后是否有随意倾倒垃圾	查看、拍照	□0～5 处； □6～9 处	□10 处以上
处理情况	5	是否有垃圾直接焚烧现象（包括焚烧池、简易焚烧炉或露天直接焚烧）	走访、查看、拍照	□无； □有，不常见	□有，且常见
	6	是否有直接将垃圾倾倒于河、沟、塘现象	走访、查看、拍照	□无； □有，1～4 处	□有，5 处以上
	7	如有村内堆肥处理设施，堆肥垃圾中是否含有非生化成分（塑料制品、织物、瓶罐等）	走访、查看、拍照	□无；□有，不常见	□有，且常见（不注意区分塑料、织物、瓶罐）
	8	如垃圾进入乡镇处理设施，乡镇处理设施工艺是否符合卫生标准、运行是否正常，并查验是否履行环评	走访、查看、拍照	□卫生、正常运行，且设施已履行环评手续	□不卫生或不正常运行*

（续）

评价项目		评价内容	调查方式	评价结果	
				合格	不合格
处理情况	9	如垃圾进入县市处理设施，与县市处理设施运行单位确认，并查验是否履行环评手续	走访	□经确认，进入县市处理设施，且设施已履行环评手续	□经确认，未进入市县级处理设施
	10	如为其他处理方式，请确认处理设施是否卫生、是否正常运行（注明）	走访、查看、拍照	□卫生，正常运行	□不卫生或不正常运行
保洁员	11	保洁员工资是否按时足量发放	走访	□是	□否
调查员评价		□合格；□不合格		签名	
复核专家评价		□合格；□不合格		签名	

注：以上有一项不符合要求，即为不合格。* 不卫生：指不属于卫生填埋、工程焚烧、规模化堆肥的工艺，如不带防渗措施的填埋、露天焚烧、无除烟除尘措施的小型焚烧炉等；不正常运行：指设施设备基本闲置。

56. 村庄绿化、庭院绿化应注意什么？

村庄绿化首先要注意整体规划，统筹发展，立足实际，与当地的城镇体系规划，以及农村面貌改造提升行动总体规划和其他专项规划相衔接，统筹安排绿化用地。其次要因地制宜，根据不同村庄的自然、社会、经济、资源等条件，综合考虑自然景观、历史文化及民风民俗，科学制定适合不同村庄特点的绿化规划设计方案，突出特色、注重实效，因地制宜，分类、分村指导。再次要综合考虑近远期绿化效果、四季景观及防护功能的需要，在树种选择上以乡土树种为主，引进树种为辅，合理搭配速生与慢生、常绿与落叶树种，增加经济树种及乔灌花结合型绿地的配置比例。

农村庭院绿化类型			
园林庭院型	花卉庭院型	果蔬庭院型	林木庭院型
□适合庭院面积较大、生活审美要求较高的农户 □选用低矮的树篱、花篱，或多年生草本花卉	□适合庭院面积不太大，爱好花草树木的农户 □以灌木、草本植物为主体，进行露地栽培或造型盆栽	□适合庭院面积较大，热爱农业、热爱生活的农户 □种植适种果树和日常蔬菜等	□适合林木稀少，用材缺乏，或土壤气候条件较差，经济尚不太富裕的地区 □栽植适宜当地环境的乔木树种

在乡村绿化中注意保护古树名木。根据《古树名木鉴定规范》LY/T 2737—2016 规定，古树是指树龄在 100 年以上的树木，名木是指具有重要历史、文化、观赏与科学价值或具有重要纪念意义的树木。古树分为三级，树龄 500 年以上的树木为一级古树，树龄在 300～499 年的树木为二级古树，树龄在 100～299 年的树木为三级古树。

57. 农村清洁能源有哪些？

对于农村而言，清洁能源是指运用生态学的原理，因地制宜地开发利用作物秸秆、人畜粪便、生活污水、垃圾等废弃物以及利用太阳能、风能、水能、地热能、生物质能等能源，其特点是消耗后可得到恢复补充，不产生或极少产生污染物，能解决农民生产生活所需要的清洁能源。

比如太阳能，通过太阳能热水器、太阳能灶等，进行光热转换，在农村可以用来制热水、做饭等；通过太阳能电池板，进行光电转换，在农村用于路灯照明、抽水泵提升等。

比如风能，主要是以风能做动力和风力发电，利用风带动抽水泵等各种机械装置，解决生产动力问题；在偏远地区风力发电，农牧民家庭利用小型风力机能够实现家庭电气化，提高生活质量。

比如沼气能，是将人畜粪便、作物秸秆、污水等各种有机物密闭后，由厌氧菌在无氧的状态下对有机物进行发酵产生的一种可燃性气体。可用于炊事、烘干农副产品、供暖、照明和气焊等，还可以作为内燃机的燃料。

《乡村建设行动实施方案》提出的重点任务之一

实施乡村清洁能源建设工程。巩固提升农村电力保障水平，推进城乡配电网建设，提高边远地区供电保障能力。发展太阳能、风能、水能、地热能、生物质能等清洁能源，在条件适宜地区探索建设多能互补的分布式低碳综合能源网络。按照先立后破、农民可承受、发展可持续的要求，稳妥有序推进北方农村地区清洁取暖，加强煤炭清洁化利用，推进散煤替代，逐步提高清洁能源在农村取暖用能中的比重。

北方农村地区要严控散煤取暖，避免煤气中毒。散煤取暖，关闭门窗后，易因为室内氧气不足，散煤不完全燃烧产生大量一氧化碳，被人体吸入后，使得红细胞丧失输送氧气的能力，引起身体组织缺氧，产生各种中毒症状，也就是"煤气中毒"，严重者可致人死亡。

58. 农村如何避免用电危险？

（1）选购、使用正规电气设备。选购电视、冰箱、洗衣机、电风扇等家用电器，尤其是电热毯、微波炉、插线板、电熨斗等发热电器时，应购买有 3C 认证标志产品合格证书、标志和使用说明完整的商品，并索取购物发票或有效凭证。如有损坏，应及时修理或更换，不要继续使用，尤其严禁带电维修。用电线路及电气设备绝缘必须良好，灯头、插座、开关等的带电部分绝对不能外露，以防触电。

（2）严格、规范农村用电管理。制定农村安全用电规章制度，农村用电要先申请，安装、维修要找专业电工，不要私设电网、私拉乱接电线，以防触电或发生火灾。低压用电要合理选用熔丝，严禁用铜、铝、铁丝代替。开关要控制火线。家庭用电要安装漏电保护器。保护电力基础设施，在架空电力线路保护区内，不得兴建建筑物、构筑物，不得种植可能危及电力设施安全的植物。

（3）**加强安全用电培训**。加强安全用电知识宣传，提高农民的安全用电素质。发现有人触电，千万不要用手去拉触电人，应先设法赶快拉断开关和用干燥木棍、干燥竹竿挑开电线，立即用正确的人工呼吸或胸外心脏挤压法进行现场急救。教育儿童不玩弄电气设备、不爬电杆、不摇晃拉线、不攀爬变压器，不在高、低压线路下钓鱼、放风筝，不往电力线路、瓷瓶和变压器上扔东西。

（4）**明确用电安全权责关系**。电力设施产权归属供电部门的，无疑安全责任和维护管理是由供电部门承担；电力设备产权是用户的，其安全管理和维护也要由用户承担。通过明确落实责任，减少纠纷，提高管理部门责任心，使管理者有义务、有责任，加强日常运行维护管理，避免和减少事故的发生。

59. 村庄清洁行动是什么？

2018年，中央农办等18部门联合印发《农村人居环境整治村庄清洁行动方案》。村庄清洁行动以影响农村人居环境的突出问题为重点，动员广大农民群众，广泛参与、集中整治，着力解决村庄环境"脏乱差"问题，实现村庄内垃圾不乱堆乱放，污水乱泼乱倒现象明显减少，粪污无明显暴露，杂物堆放整齐，房前屋后干净整洁，村庄环境干净、整洁、有序，文明村规民约普遍形成，长效清洁机制逐步建立，村民清洁卫生文明意识普遍提高。

《农村人居环境整治村庄清洁行动方案》的主要内容

(1) 清理农村生活垃圾	清理村庄农户房前屋后和村巷道柴草杂物、积存垃圾、塑料袋等白色垃圾、河岸垃圾、沿村公路和村道沿线散落垃圾等，解决生活垃圾乱堆乱放污染问题
(2) 清理村内塘沟	推动农户节约用水，引导农户规范排放生活污水，宣传农村生活污水治理常识，提高生活污水综合利用和处理能力。以房前屋后河塘沟渠、排水沟等为重点，清理水域漂浮物。有条件的地方实施清淤疏浚，采取综合措施恢复水生态，逐步消除农村黑臭水体
(3) 清理畜禽养殖粪污等农业生产废弃物	清理随意丢弃的病死畜禽尸体、农业投入品包装物、废旧农膜等农业生产废弃物，严格按照规定处置，积极推进资源化利用。规范村庄畜禽散养行为，减少养殖粪污影响村庄环境
(4) 改变影响农村人居环境的不良习惯	加强健康教育工作，广泛宣传卫生习惯带来的好处和不卫生习惯带来的危害，提高村民清洁卫生意识。建立文明村规民约，强化社会舆论监督，引导群众自觉形成良好的生活习惯，从源头减少垃圾乱丢乱扔、柴草乱堆乱积、农机具乱停乱放、污水乱泼乱倒、墙壁乱涂乱画、"小广告"乱贴乱写、畜禽乱撒乱跑、粪污随地排放等影响农村人居环境的现象和不文明行为

严禁私搭乱建、乱堆乱放，首先农村公共区域属于村集体所有，个别村民无权单独支配，更不能侵犯其他村民的利益；其次私自搭建的房屋可能不符合建筑安全的要求，缺少抗震性和防火性考虑，一旦发生事故，人员和财产损失较大。当侵占村内道路时，可能会造成拥堵和逃生困难，另外私搭乱建、乱堆乱放影响环境卫生，杂物垃圾易滋生蚊虫和细菌，污染环境，威胁人类身体健康，破坏村容村貌，不符合人民对整洁、干净、美好的环境需求。

60. 什么是乡村公共空间，乡村有哪些公共空间？

乡村公共空间是村民公共生活的场所与领域，用以交流、沟通、举办集体活动等。按照功能不同，可以分为娱乐性公共空间、生活性公共空间、生产性公共空间、信仰性公共空间、政治性公共空间等。

乡村公共空间类型		
娱乐类	文化类	服务类
□小广场、小公园等 □可开展健身活动、社交聊天，也可作为歌舞演出台、小型集市	□祠堂、寺庙、水井旁、古树旁等 □举办祭祀等家族活动，衍生出文化传承、乡愁记忆、乡村旅游点等新功能	□村委会、党群服务中心、文化站、卫生室、图书室、老年活动中心等 □承担村庄行政管理、公共服务等功能

61. 如何维护梳理农村基础设施"三线"？

"三线"是指电力线、通信线和广播电视线。维护梳理"三线"是农村基础设施建设中的重要内容。

（1）对现有"三线"进行统一维护，撤掉已经不用或已经老化的线路，迁移妨碍道路建设及群众通行安全的线桩，规范线路走向，加固线路支撑。

（2）对农村"三线"进行综合整治，将明装乱接线路尽量改为地下埋设或架空线路方式，移除路边小、散、乱的电线杆，避免"三线"跨路面、交叉跨越、搭挂、缠绕等现象，消除空中"蜘蛛网"，露出美丽"天际线"。

（3）新建管网铺设要提前规划设计，确保新增线路规范整齐。各大运营商新装用户接线入户时，要严格按照"强弱设置、横平竖直、集中捆扎、标识清楚、牢固安全、协调美观"

的要求拉线入户。

（4）引导村民正确使用、爱惜保护农村"三线"，不私自乱接，不在电缆电线上悬挂小广告、小毛巾等物品。

三、 如何实现乡风文明？

62. 村里的文化设施有什么？

根据《国家基本公共文化服务指导标准（2015—2020 年）》，乡村公共文化服务设施是指能够满足乡村居民步行可达的文化娱乐场所、场地、设备、建筑物等，主要包括以下几类。

设施类型	主要功能	典型场所
学习阅览	为满足乡村居民学习各类知识而提供的设施和场所	农村书屋、图书阅览室等
文化娱乐	以满足乡村居民对社交、休闲娱乐需求而提供的设施和场所	乡镇综合文化站、村综合文化服务中心、老年活动室、娱乐室、文化广场等
体育运动	满足乡村居民日常锻炼而提供的各类小型活动器械和场所	体育运动器材、篮球场、健身广场等

例如农家书屋，为满足广大群众文化需要，由政府统一规划实施，在行政村建立，由群众自己管理，具有图书、报刊等阅读视听文化服务设施，能提供公益性文化服务的场所。农家书屋遵循全心全意为广大群众服务的宗旨，通过图书、报纸、期刊等出版物的借阅等活动，为读者提供"借得到、看得懂、用得上"的出版物，为乡村振兴、农业现代化建设提供精神动力和智力支持。

63. 村里开展的文化活动有哪些？

文化活动是指文艺活动和体育活动的总称。在全国范围来看乡村文化活动种类繁多，各个地方都有自己独有的特殊文化活动，比如潍坊风筝节、溱潼会船节、郑州国际少林武术节、西藏羌塘赛马节、贵州摔跤节、东北秧歌和二人转以及更大规模的灯会和各地的戏剧表演等。

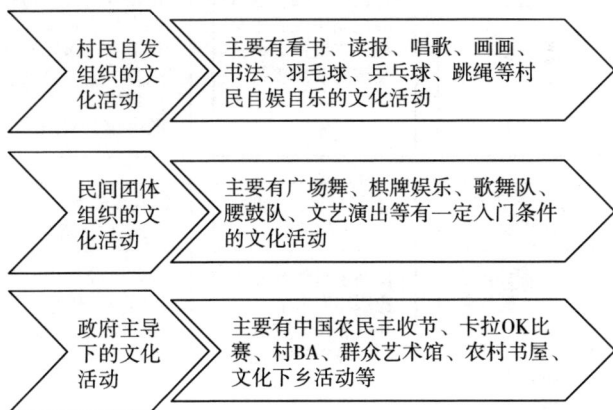

村民自发组织的文化活动	主要有看书、读报、唱歌、画画、书法、羽毛球、乒乓球、跳绳等村民自娱自乐的文化活动
民间团体组织的文化活动	主要有广场舞、棋牌娱乐、歌舞队、腰鼓队、文艺演出等有一定入门条件的文化活动
政府主导下的文化活动	主要有中国农民丰收节、卡拉OK比赛、村BA、群众艺术馆、农村书屋、文化下乡活动等

64. 怎样发展乡村特色文化产业？

乡村特色文化产业是指在乡镇依托乡村文化和独特的文化资源，通过各种模式的市场运作，形成具有鲜明区域特点和民族特色的文化产品和服务的产业形态，包括乡村物质文化和乡村非物质文化。发展乡村特色文化产业的模式很多、业态也很丰富。

65. 什么是物质文化遗产、非物质文化遗产？

我国的历史文化遗产分为物质文化遗产和非物质文化遗产。物质文化遗产是指具有历史、艺术和科学价值的文物，包

发展乡村创意农业	培养乡村文艺演出队伍	支持乡村音乐、美术等产业发展
· 加强农产品包装、设计和营销，提升农业品牌知名度和农产品文化附加值，挖掘特色种植业、林业、畜牧业等文化内涵	· 发展提升乡村舞蹈、戏剧、曲艺、游艺、杂技等业态。鼓励依托乡村传统演出团体及其骨干人员，积极开发武术、舞龙、舞狮、锣鼓等特色民俗表演项目；因地制宜发展中小型、主题性、特色类旅游演出项目	· 鼓励发展音乐培训、互动体验等复合型业态，发展音乐节、音乐会、音乐园区（基地）等特色项目；鼓励各类美术院校、画院、美术馆在乡村设立写生创作和展示基地，打造乡村摄影基地，兴办书店、剧场、博物馆、美术馆、图书馆、文创馆等

推动手工艺创意产品开发	打造三产融合的文化业态	提升农旅融合体验性和互助性
· 鼓励非物质文化遗产传承人、设计师、艺术家等参与乡村手工艺创作生产，带动农民结合实际开展手工艺创作生产，推动手工艺特色化、品牌化发展，充分运用现代创意设计、科技手段和时尚元素提升手工艺发展水平	· 发掘乡村传统节庆、赛事和农事节气，开展农民丰收节、"村晚""乡村文化周""非遗购物节"等活动，因地制宜培育地方特色节庆会展活动	· 开发民间文化艺术研学游、体验游、夜间游、主题游等形式，塑造"一乡一品""一乡一艺""一乡一景"特色品牌，发展农家乐、乡村民宿、风情小镇、生态康养等业态

括可移动文物和不可移动文物。非物质文化遗产是指各族人民世代相传并视为其文化遗产组成部分的各种传统文化表现形式，以及与传统文化表现形式相关的实物和场所。

66. 什么是历史建筑、历史文化街区、中国传统村落？

历史建筑是指经城市、县人民政府确定公布的具有一定保护价值，能够反映历史风貌和地方特色，未公布为文物保护单

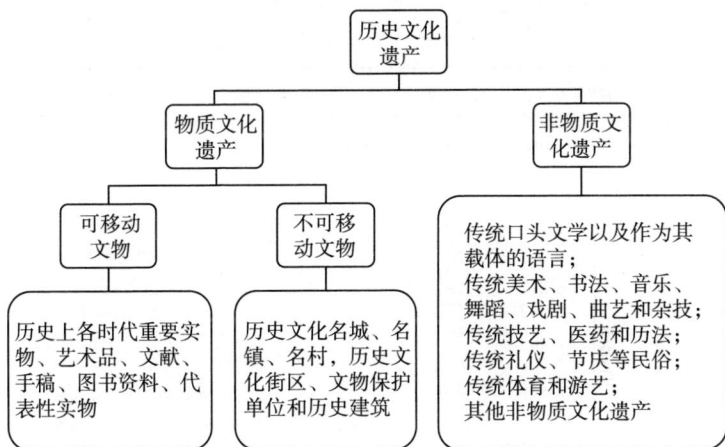

位，也未登记为不可移动文物的建筑物、构筑物。

历史文化街区是指经省、自治区、直辖市人民政府核定公布的保存文物特别丰富、历史建筑集中成片、能够较完整和真实地体现传统格局和历史风貌，并具有一定规模的区域。

中国传统村落，是指民国以前所建的村，村落形成较早，拥有比较丰富的文化与自然资源，具有一定历史、文化、科学、艺术、经济、社会价值，应予以保护的村落。

国家设立历史文化名城、名镇、名村。**历史文化名城**是指经国务院或省、自治区人民政府批准公布的保存文物特别丰富且具有重大历史价值或者革命纪念意义的城市。**历史文化名镇**是指经国家有关部门或省、自治区与直辖市人民政府核定公布予以确认的，保存文物和历史建筑特别丰富并且具有重大历史价值或革命纪念意义，能较完整地反映一定历史时期的传统风貌和地方民族特色的城镇。**历史文化名村**是指经国家有关部门或省、自治区与直辖市人民政府核定公布予以确认的，保存文物和历史建筑特别丰富并且具有重大历史价值或革命纪念意义，能较完整地反映一定历史时期的传统风貌和地方民族特色的村庄。

> 截至2022年6月，我国有140座国家历史文化名城，799个镇村被公布为中国历史文化名镇名村，6 819个村落被列入中国传统村落保护名录，形成了世界上规模最大的农耕文明遗产保护群。

历史文化名城	历史文化名镇	历史文化名村
北京、天津、杭州、昆明、承德、洛阳、敦煌、韩城等140个	山西省灵石县静升镇、江苏省昆山市周庄镇、河北省蔚县暖泉镇、浙江省象山县石浦镇、福建省邵武市和平镇、四川省古蔺县太平镇、贵州省黄平县旧州镇、内蒙古自治区多伦县多伦淖尔镇、辽宁省海城市牛庄镇、吉林省四平市铁东区叶赫镇等799个	北京市门头沟区斋党镇爨底下村、山西省临县碛口镇西湾村、陕西省米脂县杨家沟镇杨家沟村、新疆鄯善县吐峪沟乡麻扎村、天津市蓟县渔阳镇西井峪村、河北省井陉县南障城镇大梁江村、江西省婺源县浙源乡虹关村、海南省三亚市崖城镇保平村、陕西省韩城市西庄镇党家村等6 819个

申报历史文化名城、名镇、名村需要具备下列条件：

（1）保存文物特别丰富；

（2）历史建筑集中成片；

（3）保留着传统格局和历史风貌；

（4）历史上曾经作为政治、经济、文化、交通中心或者军事要地，或者发生过重要历史事件，或者其传统产业、历史上建设的重大工程对本地区的发展产生过重要影响，或者能够集中反映本地区建筑的文化特色、民族特色。

党中央、国务院历来高度重视历史文化名城、名镇、名村的保护工作。《文物保护法》《城乡规划法》确立了历史文化名城、名镇、名村保护制度，国务院制定了《历史文化名城名镇名村保护条例》，确立了对历史文化名城、名镇、名村实行整体保护的原则，强化政府的保护责任，制定严格的保护措施，明确在保护范围内禁止从事的活动，重点加强对历史建筑的保护。

《历史文化名城名镇名村保护条例》的一些规定：

（1）明确历史文化名城、名镇、名村应当整体保护，保持传统格局、历史风貌和空间尺度，不得改变与其相互依存的自然景观和环境。

（2）强化政府的保护责任。历史文化名城、名镇、名村所在地县级以上地方人民政府应当根据当地经济社会发展水平，按照保护规划，控制人口数量，改善历史文化名城、名镇、名村的基础设施、公共服务设施和居住环境。

（3）在保护范围内的建设活动应当符合保护规划，不得损害历史文化遗产的真实性和完整性，不得对其传统格局和历史风貌构成破坏性影响。

（4）禁止在保护范围内进行开山、采石、开矿等活动；进行其他影响传统格局、历史风貌和历史建筑的活动，应当制定保护方案，经城市、县人民政府城乡规划主管部门会同同级文物主管部门批准，并依法办理相关手续。

（5）明确对核心保护范围的保护要求。对核心保护范围内的建筑物、构筑物，区分不同情况，采取相应措施，实行分类保护，并要求核心保护范围内的历史建筑，应当保持原有的高度、体量、外观形象及色彩等。同时，对核心保护范围内的建设活动明确了审批程序，要求审批机关组织专家论证，并将审批事项予以公示，征求公众意见。

（6）强化对历史建筑的保护措施。城市、县人民政府应当对历史建筑设置保护标志，建立档案。历史建筑的所有权人负责历史建筑的维护和修缮，县级以上地方人民政府可以给予补助。历史建筑有损毁危险，所有权人不具备维护和修缮能力的，当地人民政府应当采取措施进行保护。对历史建筑原则上实施原址保护，必须迁移异地保护或者

拆除的，应当经省、自治区、直辖市人民政府确定的保护
主管部门会同同级文物主管部门批准。对历史建筑进行外
部修缮装饰、添加设施以及改变历史建筑的结构或者使用
性质的，应当经城市、县人民政府城乡规划主管部门会同
同级文物主管部门批准。

67. 如何保护提升村庄风貌？

村庄风貌由村庄所处的自然环境、房屋建筑和生产设施、
村内巷道、历史文化要素符号、重要节点等全要素形成的空间
景观格局和特色。风貌的保护提升需要从村庄全域视角，围绕
山、水、田、路、林、村、文，从道路铺装、公共空间、景观
绿化、环保设施、农村住房等方面进行风貌规划和引导、建设
和管理。比如：以农房为主体，利用古树、池塘等自然景观和
牌坊、古祠等人文景观，营造具有本土特色的村容村貌；保护
村庄固有的乡土气息，鼓励宅前屋后栽种瓜果梨桃；保持村内
街巷清洁，做到无断壁残垣、无乱搭乱建、无乱埋乱倒、无乱
堆乱放，构建干净、整洁、有序的乡村空间；重视村庄公共活
动空间的布局和建设，统领乡村容貌特色等。

村庄规划中要严格落实已划定的历史文化名村、传统村落
保护范围等重要控制线，深入挖掘乡村历史文化资源，划定乡
村历史文化保护线，提出历史文化景观整体保护措施，保护好
历史遗存的真实性。防止大拆大建，做到应保尽保。

68. 农村常见的公共健身服务设施有哪些？

公共健身服务设施是以免费或低收费面向全体公众开放的
各类体育场馆、健身地点、体育中心等场所和设备。随着农村
生活水平的提高，农民对健身活动的需求也愈加多元化，常见
的农村公共健身服务设施包括篮球场、乒乓球台、羽毛球场、

体育健身器材等。另外，根据人口结构、地域特点、运动习惯、实际需求等差异，各地公共健身服务设施也各有特色，例如广西马山县凭借着优越的生态资源和民族文化特色优势创建全国首个攀岩特色体育小镇。

69. 农村看电视、上网有哪些形式，区别是什么？

对于农村用户而言，收看电视和上网已经是日常重要的娱乐活动。但随着科技的发展，看电视、上网的方式不同，也各有利弊。

电视有网络电视和有线电视两种方式。一是安装网络电视（基于宽带高速 IP 网电视），利用互联网整合多种内容资源对电视节目进行直播或点播。它基于宽带高速 IP 网，以网络视频资源为主体，将电视机、个人电脑及手持设备作为显示终端，通过机顶盒或计算机接入宽带网络，实现数字电视、互动电视等服务，适合宽带通达的地区。二是安装当地广电的有线电视，是一种使用电缆作为介质直接传送电视、调频广播节目到用户电视的一种系统，信号稳定，但可选择性稍差，互动性不足。

上网有有线网和无线网两种方式。连接有线网是通过拉网线、装宽带等方式，连接端口接入互联网；连接无线网是通过无线上网、无线路由器、手机等无线信号，接入互联网。

有线网络还分为光纤宽带网络和普通宽带网络。其差别主要有三个方面。**一是上网速度不一样。**最初使用的普通宽带的一般是用铜质的的电话线制作的，是用电话线来传递网络信号，速度很慢。与之相比，光纤传输信号的速度就快多了。光纤是以光脉冲的形式来传输信号，以玻璃或有机玻璃等为网络传输介质，它的传输速度要比普通的介质快得多，可以达到每秒钟千兆以上，比如光纤普遍的速度能达到 100M 而铜线是很难达到的。**二是成本与价格不同。**光纤宽带的优点在于集线

农村上网				
有线网		无线网		
宽带上网	拨号上网	无线上网卡上网	无线路由器上网	手机流量上网
适用于宽带到村，宽带到户的经济较为发达的农村地区，向本地ISP直接去营业厅办理入网手续然后接入网线就可以了	早期家庭上网方式，利用个人电脑、外置或内置的调制解调器和电话线，向本地ISP供应商申请账号，通过拨打ISP的接入号连接上网。网速较慢，目前基本不再使用	在网络运营商处购买无线上网卡（USIM卡），插入电脑或手机后，能够连接到无线广域网，即可上网	无线路由器是一个转发器，就是将宽带有线传输信号转换成无线信号，因此此方式也只适用于家中或附近有宽带的农村	如果实在是没有广域网，又想上网那么可以使用手机建立一个热点，用电脑连上。当然要注意流量了

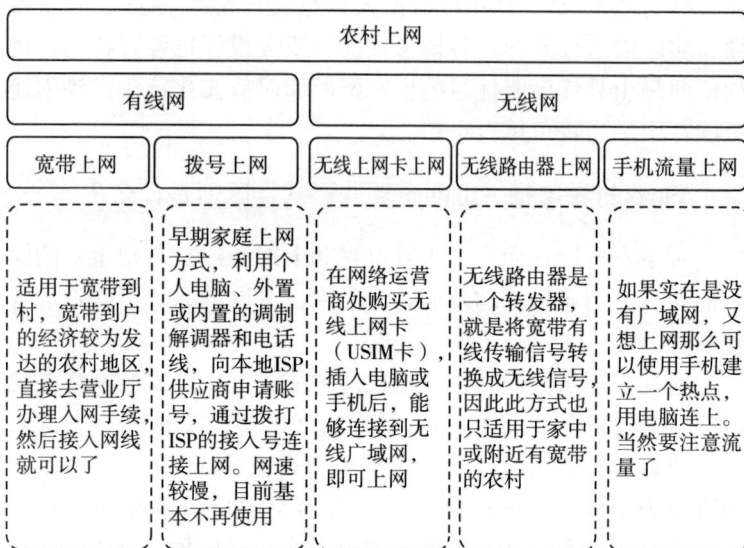

器、以太网交换机等组网设备的成本低，用户不需要安装 AD-SL 调制解调器。光纤宽带用户投资少、成本价格较便宜。普通宽带应用的 ADSL 接入，则是利用现有的市内电话网和电话交换局的机房，不能脱离固定电话，受到使用地域限制，同时走电话费也使产品成本增加了。三是**稳定与抗干扰性不同**。普通宽带应用的 ADSL 接入，对线路质量要求一般，当线路质量不好时，会影响稳定性。当传输速率越高，衰减和串扰对信号的影响也越大，有时就会出现网速下降、掉线的问题。而光纤宽带的接入采用与电话网不同网络，楼道交换机和小区中心交换机、小区中心交换机和局端交换机之间通过光纤相连，网络稳定性高、可靠性强。

70. 什么是"互联网+"？怎样安全上网？

"互联网+"就是"互联网+传统行业"，随着科学技术的发展，利用信息和互联网平台，使得互联网与传统行业进行融合，利用互联网具备的优势特点，创造新的发展机会。"互联网＋"通过其自身的优势，对传统行业进行优化升级转型，使得传统行业能够适应当下的新发展，从而最终推动社会不断地向前发展。

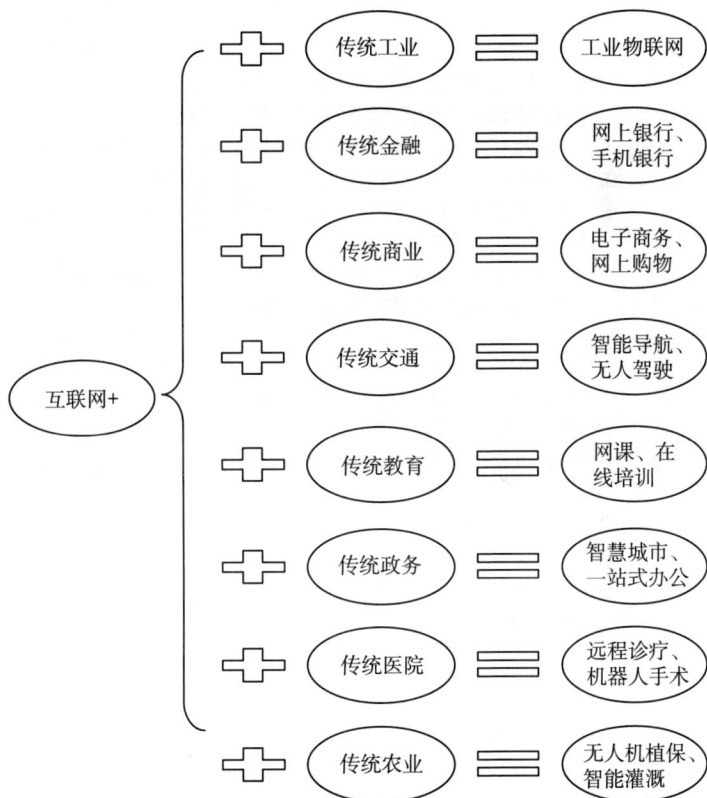

网络安全是指网络系统的硬件、软件及其系统中的信息受到保护。它包括系统连续、可靠、正常地运行，网络服务不中断，系统中的信息不因偶然的或恶意的行为而遭到破坏、更改或泄露。在日常上网中做到以下措施可以保障上网安全。

防范病毒 或木马 攻击	为计算机安装杀毒软件，定期扫描系统、查杀病毒； 及时更新病毒库、更新系统补丁； 下载软件时尽量到官方网站或大型软件下载网站，在安装或打开来历不明的软件或文件前先杀毒； 不随意打开不明网页链接，尤其是不良网站的链接，陌生人通过QQ给自己传链接时，尽量不要打开； 使用网络通信工具时不随便接收陌生人的文件，若接收可取消"隐藏已知文件类型扩展名"功能来查看文件类型； 对公共磁盘空间加强权限管理，定期查杀病毒； 打开移动存储器前先用杀毒软件进行检查，可在移动存储器中建立名为 autorun. inf 的文件夹（可防 U 盘病毒启动）； 需要从互联网等公共网络上下载资料转入内网计算机时，用刻录光盘的方式实现转存； 对计算机系统的各个账号要设置口令，及时删除或禁用过期账号； 定期备份，当遭到病毒严重破坏后能迅速修复。
防范 QQ、 微博等社 交平台账 号被盗	账户和密码尽量不要相同，定期修改密码，增加密码的复杂度，不要直接用生日、电话号码、证件号码等有关个人信息的数字作为密码； 密码尽量由大小写字母、数字和其他字符混合组成，适当增加密码的长度并经常更换； 不同用途的网络应用，应该设置不同的用户名和密码； 在网吧使用电脑前重启机器，警惕输入账号密码时被人偷看；为防账号被侦听，可先输入部分账号名、部分密码，然后再输入剩下的账号名、密码； 涉及网络交易时，要注意通过电话与交易对象本人确认。
安全使用 电子邮件	不要随意点击不明邮件中的链接、图片、文件； 使用电子邮件地址作为网站注册的用户名时，应设置与原邮件密码不相同的网站密码； 适当设置找回密码的提示问题； 当收到与个人信息和金钱相关（如中奖、集资等）的邮件时提高警惕。
保证网络 游戏安全	输入密码时尽量使用软键盘，并防止他人偷窥； 为电脑安装安全防护软件，从正规网站上下载网游插件； 注意核实网游地址； 如发现账号异常，应立即与游戏运营商联系。

（续）

防范社交网站信息泄露	利用社交网站的安全与隐私设置保护敏感信息； 不要轻易点击未经核实的链接； 在社交网站谨慎发布个人信息； 根据自己对网站的需求进行注册。
常见的网络诈骗类型	利用 QQ 盗号和网络游戏交易进行诈骗，冒充好友借钱； 网络购物诈骗，收取订金骗钱； 网上中奖诈骗，指犯罪分子利用传播软件随意向互联网 QQ 用户、邮箱用户、网络游戏用户、淘宝用户等发布中奖提示信息； "网络钓鱼"诈骗，利用欺骗性的电子邮件和伪造的互联网网站进行诈骗活动，获取受骗者财务信息进而窃取资金。

71. 哪些事可以去村级综合服务站点办理？

村级综合服务站点是建立在各村村委会，服务基层一线群众日常生产生活等相关事项的综合性办事机构，实行"一站式"服务，提供党务、政务、生活、金融、邮政等各种服务。对群众办理事项凡能即时办理的，工作人员现场给予办理，没有条件办理的，由村干部向上级部门反映协调办理。具体业务包括政策咨询、计生、养老保险认证、就业咨询、领取各类补贴、帮办代办、简单医疗、水电生活缴费等农村日常事项。

第三篇　如何治理？

"乡村治，方能天下安"，规划好、建设好乡村，关键还得治理好，基础在"自治"、根本在"法治"、引领在"德治"，实现治理有效、生活富裕，让乡村社会充满活力、和谐有序，让宜居宜业乡村走向"和美"。

一、如何实现治理有效？

72. 农村基层党组织的职责有什么？

乡镇党委和村党组织是党在农村的基层组织，是党在农村工作的基础，全面领导乡镇、村的各类组织和各项工作。在社会治理方面，村党组织要做好本村的社会主义精神文明建设、法治宣传教育、社会治安综合治理、生态环保、美丽村庄建设、民生保障、脱贫致富、民族宗教等工作，打造充满活力、和谐有序的善治乡村。具体职责如下：

◆深化村民自治实践，制定完善村规民约，建立健全村务监督委员会，加强村级民主监督；

◆推广新时代"枫桥经验"，推进乡村法治建设，提升乡村德治水平，建设平安乡村；

◆组织党员、群众参与山水林田湖草系统治理，加强污染防治，保护生态环境，建设美丽乡村；

◆努力解决入园入托、上学、就业、看病、养老、居住、出行、饮水等群众最关心最直接最现实的利益问题；

◆加强对贫困人口、留守儿童和妇女、老年人、残疾人、"五保户"等人群的关爱服务；

◆以乡镇、村党组织为主渠道，落实投放农村的公共服务资源，保证有资源、有能力为群众服务。

村党支部组织生活的主要形式有：党员大会、党支部委员会会议、党小组会、上党课"三会一课"，主题党日，谈心谈话，民主评议党员等。

73. 党组织带头人应具备什么能力？农民如何入党？

火车跑得快，全靠车头带。党组织带头人要懂发展善治理、有干劲会干事、甘于奉献、敢闯敢拼、能够团结带领群众。可以从本村致富能手、外出务工经商人员、本乡本土大学毕业生、复员退伍军人中培养选拔农村基层党组织带头人，二是通过本土人才回引、院校定向培养、县乡统筹招聘等渠道，每个村储备一定数量的村级后备干部。

根据《中国共产党章程》，年满十八岁的中国工人、农民、军人、知识分子和其他社会阶层的先进分子，承认党的纲领和章程，愿意参加党的一个组织并在其中积极工作、执行党的决议和按期交纳党费的，可以申请加入中国共产党。入党程序如下。

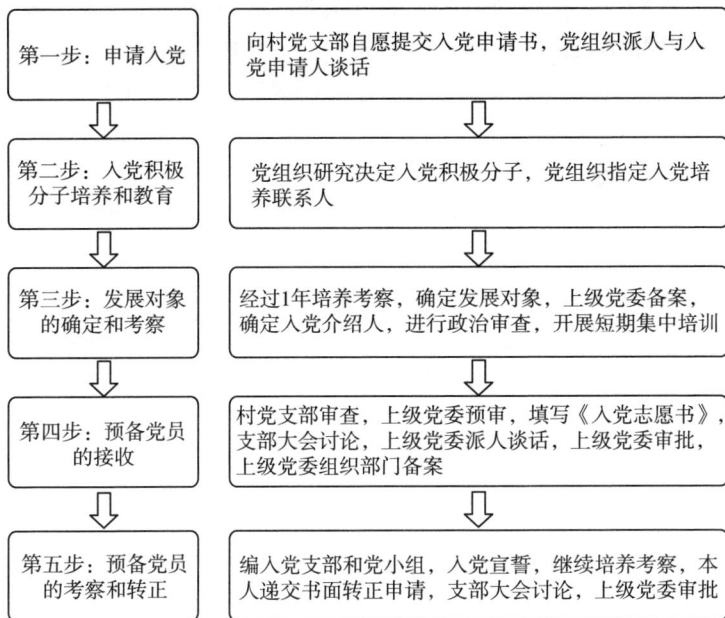

第一步：申请入党	向村党支部自愿提交入党申请书，党组织派人与入党申请人谈话
第二步：入党积极分子培养和教育	党组织研究决定入党积极分子，党组织指定入党培养联系人
第三步：发展对象的确定和考察	经过1年培养考察，确定发展对象，上级党委备案，确定入党介绍人，进行政治审查，开展短期集中培训
第四步：预备党员的接收	村党支部审查，上级党委预审，填写《入党志愿书》，支部大会讨论，上级党委派人谈话，上级党委审批，上级党委组织部门备案
第五步：预备党员的考察和转正	编入党支部和党小组，入党宣誓，继续培养考察，本人递交书面转正申请，支部大会讨论，上级党委审批

74. 第一书记、挂职干部、选调生、大学生村官的区别是什么？

第一书记：是指从各级机关优秀干部、年轻干部，国有企业、事业单位的优秀人员和以往因年龄原因从领导岗位上调整下来、尚未退休的干部中选派到乡村振兴重点帮扶县的脱贫村、党组织软弱涣散村或其他有需要的村担任党组织负责人的党员。

挂职干部：是指被选派到下级机关、上级机关、其他地区机关以及国有企业事业单位担任相应职务，承担重大工程、重大项目、重点任务或者其他专项工作的公务员。公务员在挂职期间，不改变与原机关的人事关系。挂职期满后，仍回原单位工作或者留用、提拔。

选调生：是指由省级党委组织部门从高等院校选调到基层工作的品学兼优的应届大学毕业生，主要选调本科生、研究生中的共产党员、优秀学生干部和三好学生，是党政领导干部后备人选。

大学生村官：是由省级党委、政府组织人事部门选聘到村里工作的应届或往届毕业 1 至 2 年的本科生、研究生。大学生村官岗位性质为"村级组织特设岗位"，系非公务员身份，工作管理及考核比照公务员的有关规定进行，由乡镇党委、政府负责。工作期满后，经组织考核合格、本人自愿的，可继续聘任。不再续聘的，引导和鼓励其就业、创业。

75. 村民自治是什么？如何实现？

村民自治是由村民依法办理自己的事情，发展农村基层民主，维护村民的合法权益，促进美丽乡村建设，核心内容就是全面推进村民民主选举、村级民主决策、村级民主管理和村级民主监督。

村民委员会是村民自我管理、自我教育、自我服务的基层群众性自治组织，村民委员会的职责主要有以下四个方面，详见下图。

💰	◆支持和组织村民依法发展各种形式的合作经济和其他经济，承担本村生产的服务和协调工作，促进农村生产建设和经济发展；
👥	◆发展文化教育，普及科技知识，促进男女平等，做好计划生育工作，促进村与村之间的团结、互助，开展多种形式的社会主义精神文明建设活动；
✦	◆应当支持服务性、公益性、互助性社会组织依法开展活动，推动农村社区建设
⚖	◆应当遵守宪法、法律、法规和国家的政策，遵守并组织实施村民自治章程、村规民约，执行村民会议、村民代表会议的决定、决议，办事公道，廉洁奉公，热心为村民服务，接受村民监督。

村民委员会主任、副主任和委员，由村民直接选举产生。任何组织或个人不得指定、委派或者撤换村民委员会委员。村民委员会每届任期五年，届满应当及时换届选举。村民委员会成员可以连选连任。具体选举程序如下图。

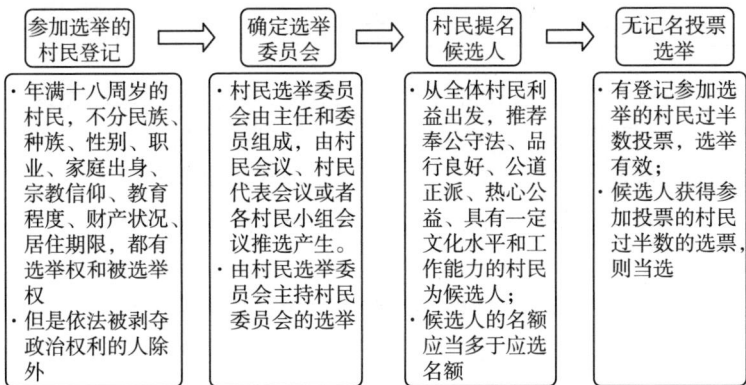

参加选举的村民登记 ⟹	确定选举委员会 ⟹	村民提名候选人 ⟹	无记名投票选举
·年满十八周岁的村民，不分民族、种族、性别、职业、家庭出身、宗教信仰、教育程度、财产状况、居住期限，都有选举权和被选举权 ·但是依法被剥夺政治权利的人除外	·村民选举委员会由主任和委员组成，由村民会议、村民代表会议或者各村民小组会议推选产生。 ·由村民选举委员会主持村民委员会的选举	·从全体村民利益出发，推荐奉公守法、品行良好、公道正派、热心公益、具有一定文化水平和工作能力的村民为候选人； ·候选人的名额应当多于应选名额	·有登记参加选举的村民过半数投票，选举有效； ·候选人获得参加投票的村民过半数的选票，则当选

村务监督委员会是村民对村务进行民主监督的机构，对从

源头上遏制村民群众身边的不正之风和腐败问题、促进农村和谐稳定具有重要作用。村务监督委员会具有知情权、质询权、审核权、建议权、主持民主评议权，要紧密结合村情实际，重点加强对以下六个方面进行监督：

一是村务决策和公开情况

· 主要是村务决策是否按照规定程序进行，村务公开是否全面、真实、及时、规范。

二是村级财产管理情况

· 主要是村民委员会、村民小组代行管理的村集体资金资产资源管理情况，村级其他财务管理情况。

三是村工程项目建设情况

· 主要是基础设施和公共服务建设等工程项目立项、招投标、预决算、建设施工、质量验收情况。

四是惠农政策措施落实情况

· 主要是支农和扶贫资金使用、各项农业补贴资金发放、农村社会救助金申请和发放等情况。

五是农村精神文明建设情况

· 主要是建设文明乡风、创建文明村镇、推动移风易俗，开展农村环境卫生整治，执行村民自治章程和村规民约等情况。

六是其他应当监督的事项

　　制定村规民约也是村民自治的有效手段，是村民进行自我管理、自我服务、自我教育、自我监督的行为规范，多采取结构式、条款式、三字语、顺口溜、山歌民歌等各种表述形式。

　　村务工作在协商决定时，依托村民会议、村民代表会议、村民议事会、村民理事会等，形成民事民议、民事民办、民事民管的多层次基层协商格局。村级重大事项决策实行"四议两公开"，是村党组织领导下对村级事务进行民主决策的一套基本工作程序，也称为"4+2"工作法，创新村民议事形式，完善议事决策主体和程序，落实群众知情权和决策权。

村规民约主要内容

·规范日常行为。爱党爱国，践行社会主义核心价值观，正确行使权利，认真履行义务，积极参与公共事务，共同建设和谐美好村、社区等

·维护公共秩序。维护生产秩序，诚实劳动合法经营，节约资源保护环境；维护生活秩序，注意公共卫生，搞好绿化美化；维护社会治安，遵纪守法，勇于同违法犯罪行为、歪风邪气作斗争等

·保障群众权益。坚持男女平等基本国策，依法保障妇女儿童等群体正当合法权益等

·调解群众纠纷。坚持自愿平等，遇事多商量、有事好商量、互谅互让，通过人民调解等方式友好解决争端等

·引导民风民俗。弘扬向上向善、孝老爱亲、勤俭持家等优良传统，推进移风易俗，抵制封建迷信、陈规陋习，倡导健康文明绿色生活方式等

"四议两公开"

"四议"是指村党支部会提议、村"两委"会商议、党员大会审议、村民代表会议或村民会议决议；

"两公开"是指决议公开、实施结果公开。

---

76. 乡村法治是什么？如何实现？

乡村法治建设是把依法治国的各项要求落实到乡村基层社会治理中，强化法律在农业支持保护、规范市场运行、生态环境治理、维护农民权益、化解农村社会矛盾等方面的权威地位。

77. 乡村德治是什么？如何实现？

乡村德治建设是指乡村社会，通过弘扬传统文化，加强道德教育、建立健全法律制度等手段，促进社会公德、职业道德和家庭美德的形成和发展。当前主要是积极培育和践行社会主义核心价值观和破除陈规陋习。

核心价值观是一个民族赖以维系的精神纽带，是一个国家

共同的思想道德基础，其基本内容是 12 个词 24 个字。

✦国家层面的价值目标：

富强、民主、文明、和谐

✦社会层面的价值取向：

自由、平等、公正、法治

✦公民个人层面的价值准则：

爱国、敬业、诚信、友善

陈规陋习是指一些陈旧不合理的风俗习惯，需要通过专项治理等举措，遏制陈规陋习，移风易俗，以减轻农民负担、改善农民精神风貌、促进乡村振兴。农民群众反映强烈、社会高度关注的突出问题有：

😕 **高价彩礼** 🚫

宣扬低俗婚恋观，索要、炫耀高价彩礼，媒婆、婚介等怂恿抬高彩礼金额，彩礼金额普遍过高等问题。

😟 **人情攀比** 🚫

人情礼金名目繁多、数额过高，甚至为了敛财举办"无事酒"，农民群众"人情债"负担沉重等问题。

😕 **厚葬薄养** 🚫

不履行孝道义务，丧事时间过长、丧礼中宣扬封建迷信思想和开展低俗活动，配阴婚、"活人墓"、豪华墓等问题。

😟 **铺张浪费** 🚫

婚丧喜庆举办宴席时间过长、规模过大，盲目攀比追求档次，造成严重浪费等问题。

78. 乡村治理有哪些新举措、新方式？

村级事务阳光工程是加强和改进乡村治理的一项重要举措，主要是完善党务、村务、财务"三公开"制度，实现公开经常化、制度化和规范化。主要有以下四项内容：

☐ 梳理村级事务公开清单，及时公开组织建设、公共服务、脱贫攻坚、工程项目等重大事项；

☐ 建立健全村务档案管理制度；

☐ 推广村级事务"阳光公开"监管平台，支持建立"村民微信群"、"乡村公众号"等，推进村级事务即时公开，加强群众对村级权力有效监督；

☐ 规范村级会计委托代理制，加强农村集体经济组织审计监督，开展村干部任期和离任经济责任审计。

乡村治理清单制是为了解决基层组织负担重、村级权力运行不规范、为民服务不到位等问题，将清单制引入乡村治理。即：将基层管理服务事项以及农民群众关心关注的事务细化为清单，编制操作流程，明确办理要求，建立监督评价机制，形成制度化、规范化的乡村治理方式。如村级事务清单、基层小微权力清单、村级事务清单、公共服务事项清单、政务服务清单等。

乡村治理积分制是为解决农民参与乡村治理积极性不高、公共意识不强等问题，将积分制引入乡村治理。即：在农村基层党组织领导下，通过民主程序，将乡村治理各项事务转化为数量化指标，对农民日常行为和参与乡村重要事务情况进行量化积分，并根据积分结果给予相应激励或约束的方式，形成一套有效的激励约束机制。

79. 平安乡村是什么？邻里矛盾纠纷怎么化解？

平安乡村建设是乡村治理的重要内容之一，主要包括：建设健全农村社会治安防控体系、农村公共安全管理体系和农村地区技防系统；持续推进扫黑除恶专项斗争；加强对社区矫正对象、刑满释放人员等特殊人群的管理；加强对农民群众拒毒防毒宣传教育，依法打击整治毒品违法犯罪活动；加强对农村非法宗教活动、邪教活动打击力度等。

当邻里发生矛盾纠纷时，发展新时代"枫桥经验"，做到"小事不出村、大事不出乡"。健全人民调解员队伍，加强人民调解工作。完善调解、仲裁、行政裁决、行政复议、诉讼等有机衔接、相互协调的多元化纠纷解决机制。

80. 农村电信网络诈骗有哪些形式？

电信网络诈骗是指通过电话、网络和短信等方式，编造虚假信息，设置骗局，对受害人实施远程、非接触式诈骗，诱使受害人打款或转账的犯罪行为。通常以冒充他人及仿冒、伪造各种合法外衣和形式的方式达到欺骗的目的，通常有以下几种方式：

虚假投资理财诈骗：骗子构建虚假投资平台、渠道，告诉受害人自己有高人指点或者内幕信息，稳赚不赔，用高额回报为饵，诱使被害人投资。骗子先冒充专家、有实力的老板等，通过虚假宣传骗取受害人信任，并让受害人在小额试水投资中成功获利并提现，诱导受骗人加大投资额度，受害人看到账户上有不少钱却不能提现，骗子就以"银行账户冻结""登录异常"等理由再次诱导受害人转钱交纳"保证金""解冻金"等，骗取受害人钱财。

冒充他人身份诈骗：冒充亲戚、好友、领导等他人身份，发送微信、短信以"交话费、患病、急用、资金周转"等紧急事情为由实施诈骗，比如"我是某某（领导），有个工程需要打款，你赶紧转 5 万到银行卡 ***"。

虚构车祸、突发疾病诈骗：虚构受害人亲属或者朋友突然遭遇涉及人身安全的事故，需要紧急处理，要求受害人立即转账。比如"您的孩子在 *** 路被车撞了，现在正送往医院，请马上转账到 ***"。

低价购物诈骗：通过微信、短信发布二手车、二手电脑等转让信息，以"缴纳定金""交易税手续"等方式骗取钱财。

以欠费为由的诈骗：冒充运营企业的工作人员，以打电话或直接播放电脑语音，以电话欠费、手机欠费、电视欠费等理由，让受害人将欠费资金转到指定账户。

以意外之财为诱饵的诈骗：以中奖、购物退款等内容，诱导受害人点击通过邮件、短信发送的链接，骗取受害人个人信息、密码，继而盗取受害人资金。

冒充银行、公检法机构的诈骗：给受害人发短信或打电话，以银行卡升级、身份证失效等理由，让受害人转账。

81. 什么是数字乡村？

数字乡村是伴随网络化、信息化和数字化在农业农村经济社会发展中的应用以及农民现代信息技能的提高而内生的农业农村现代化发展和转型进程。根据中央网信办等 10 部门印发《数字乡村发展行动计划（2022—2025 年）》，数字乡村建设共有 8 个方面的重点行动。

◆一是数字基础设施升级行动　　◆五是乡村网络文化振兴行动
◆二是智慧农业创新发展行动　　◆六是智慧绿色乡村打造行动
◆三是新业态新模式发展行动　　◆七是公共服务效能提升行动
◆四是数字治理能力提升行动　　◆八是网络帮扶拓展深化行动

82. 农村集体经济组织是什么？有哪些权利义务？

农村集体经济组织是经济组织，是农民合作经济的载体，作为独立民事主体享有权利、承担义务；农村集体经济组织代表农民集体从事各种经营活动，负责经营、管理农民集体所有的土地和其他财产（资金、资产、资源），发展集体经济，促进集体资产保值增值，为成员提供生产、技术、信息等服务，主要承担经济职能，客观上可能涉及但不负责管理农民公共事务。

农村集体经济组织的成员主要是长期生活、居住在当地的原住民及其后代。集体经济组织成员对农民集体所有的土地等财产享有权利（例如承包集体土地、依法取得宅基地、参与分配集体收益的权利，是成员权利的组成部分），同时还享有村民的自治权利，不是集体经济组织成员的村民对集体所有的土地和其他财产不享有权利，也不参与集体收益的分配。

二、 如何实现生活富裕？

83. 农民收入包括什么？如何提升收入？

农民收入是指一个农民通过各种途径所获得的全部收入，包括从事农业生产经营收入、外出务工工资收入、资产租金收入及补贴等社会福利收入。主要有经营性收入、工资性收入、财产性收入和转移性收入。

提高农民收入，缩小城乡居民收入差距一直是党和国家高度关注的问题。要千方百计拓宽增收渠道，增加农民收入。

经营性收入	工资性收入	财产性收入	转移性收入
·农民通过自我生产经营增收注重向高质量农产品要收入，向产业链延伸要收入	·促进就地就近就业增收，让农民在家门口就有活干、有钱赚。促进外出务工业增收，加强农民职业教育和技能培训，提高科技文化素质	·深化改革增加收入，增加出租宅基地、土地等财产获得收入	·完善再分配调节机制，重点关注小农户和农村低收入农户

84. 农村创新创业能干点啥？怎么干？

农村创新创业是农村经济社会发展的新动力。国家大力支持农民工、大中专毕业生、退役军人、科技人员和工商业主等返乡入乡创业，鼓励能工巧匠和"田秀才""土专家"等乡村能人在乡创业。农村创新创业能干什么，怎么干，具体有以下几种模式。

（1）**返乡下乡能人带动型。**主要是返乡农民工、高校毕业生及科技人员等返乡下乡人员通过创办、领办企业和合作社等农村新型经营主体，引领带动周边农民创业就业，这是一种近似"能人经济"的创业模式。

> 北京密农人家农业科技公司总经理孔博，创建密农人家电商平台，经营生鲜农产品，带动 68 名新农人创业者共同创业，带动 300 余农户生产种植转型，2016 年销售额突破 2 600 万元。他先后荣获全国农村创业创新优秀带头人、第九届全国农村青年致富带头人、第三十届北京青年五四奖章等荣誉称号。

（2）**双创园区（基地）集群型。**是以农业企业、园区（基地）为主的平台载体，为农村创业创新提供见习、实习、实训、咨询、孵化等多种服务的模式。园区能够有效地创造聚集力，通过共享资源、克服外部负效应，带动关联产业的发展，从而有效地推动产业集群的形成。作为企业的重要聚集基地，通过自身的规模、品牌、资源等价值为区域经济发展和企业资本扩张起到了巨大的推动作用。

福建晋江市建设海峡创业园，构建"三创园（创业、创新、创意）"、国际工业设计园、智能装备产业园、陈埭新区创新中心、金井高校科教园等五大科技创新载体，聚集创业创新要素，为农业农村各类人才创新创业提供空间。全市拥有众创空间和科技企业孵化器 9 家，场地面积达 10 万平方米以上，入驻创业项目和企业超 200 个。

（3）**龙头企业带动型。** 依托国家或省市级农业产业化重点龙头企业优势，带动当地农村创业创新为企业配套服务，引领当地经济发展。

河南新郑好想你枣业股份有限公司是一家集红枣种植加工、冷藏保鲜、科技研发、贸易出口、观光旅游为一体的综合型企业。公司以市场需求为导向，以技术创新为动力，以品牌经营为核心，以科学管理为手段，坚持产品系列化、高端化、健康营养化的战略方针，不断扩大产品的市场占有率和品牌知名度，目前已成为红枣行业规模最大、技术最先进、产品种类最多、销售网络覆盖最全、辐射带动最广、市场占有率最高的龙头企业，带动新郑市把红枣产业作为主导产业发展，成为全市经济发展的航母。

（4）**特色产业拉动型。** 围绕特色产业，强化产业链创业创新，沿产业链上中下游，面向产前、产中、产后环节的生产与服务需求，开展创业创新活动，形成大中小企业并立、各类经营主体集聚、产业集群持续壮大的创业生态系统。

四川郫都区青杠树村遵循"小规模、组团式、生态化、微田园"理念，以川西民居特色为主基调，规划建设9个聚居组团、共9.7万平方米的农民新居，统筹推进乡村建设、产业培育、公共配套、环境优化、社会治理，建设幸福美丽乡村，成为成都及周边市民周末休闲度假的好去处。

（5）**产业融合创新驱动型。**主要是围绕产业融合形成的新产业、新业态和新模式，开展创业创新活动，加速区域之间、产业之间的资源和要素的流动与重组，推动农业农村发展。

福建安溪县以铁观音茶产业为主导，建成安溪县国家现代农业产业园，涵盖西坪镇、虎邱镇等7个茶叶生产乡镇，园区面积1 154.52平方公里，农村人口42.83万人，茶园面积23.62万亩，通过产业引领区、技术装备集成区、创业创新孵化区、创业创新示范核心区等建设，实现园区涉茶总产值超90亿元，茶叶种植和产品加工年产值56.18亿元，探索出一条依托本地特色产业带动农户创业创新、实现增收致富的新路。

85. 农村幼儿教育、义务教育是什么关系？

幼儿教育一般指对3～6岁、入小学前的幼儿进行的有计划教育。义务教育是国家统一实施的所有适龄儿童、少年必须接受的教育，国家、社会和家庭必须予以保证，具有强制性、免费性和普及性的特点。所有适龄儿童和青少年必须从小学一年级至初中三年级在校接受九年基础教育，免除学生学费、书本费和杂费，实行义务教育。幼儿教育和小学教育是相互衔接的两个教育阶段，幼儿教育属于非义务教育，而小学教育属于义务教育。

多年来，我国中小学生负担太重，短视化、功利性问题凸显，从大中城市到县城，学生作业负担较重，同时校外额外培训成风，超前超标学习，家长经济和精力负担过重。2021年7月24日，中共中央办公厅、国务院办公厅印发的《关于进一步减轻义务教育阶段学生作业负担和校外培训负担的意见》，提出"双减"，即全面压减作业总量和时长，减轻学生过重作业负担。明确要减轻义务教育阶段学生作业负担和校外培训负担，目的是让教育回归本真，孩子要在学校里，德智体全面发展，使成长比成功更重要。

86. 农民看病有哪些注意事项？

农民看病难、看病不方便仍然是当前农村中的一个突出问题，农民可根据自身病情选择适合的医疗机构就医。

（1）村卫生室，作为最基层的医疗机构，设立在村内，距离较近，方便就诊，无分诊科室，医疗价格较低，适合常见小毛病。

（2）乡镇大型中心医院，距离稍远，有大类分诊科室，医护水平较高，医疗器材较为完善，可以为农民提供更好的医疗服务。

（3）县市医院，距离较远，医疗设施较齐全，医疗水平较高，医疗费用可以参加报销，不足之处是患者较多，挂号检查诊疗较为烦琐，所需时间较多，一般适合治疗较大疾病。

87. 农村老人有哪些养老方式？

我国农村人口老龄化日益严重，农村老人养老问题越来越突出，亟待解决。

养老形式方面，主要有家庭养老、社区养老、机构养老等，家庭养老是最主要、最普遍的方式，依靠子女亲属护理照顾；社区养老类似于传统的敬老院；机构养老是民营企业投资开办的养老院。随着社会的发展，创新出现了一批新的养老模式，例如农村互助养老、退地养老等，互助养老是指在党和政府领导和扶持之下，将以居住在自己家中的（准）老年人为主的各类农村人力资源有序组织动员起来作为主要行动力量，发挥村民自治组织、社会组织、市场等多元组织力量，作为主要行动力量，通过多种形式进行资金互助、服务互助、文化互助的新型社会养老模式；退地养老是指农村老人自愿选择退出土地，领取一笔补偿款作为养老费用，保障晚年生活。

养老资金方面，主要依靠自有资金，参保城乡居民基本养老保险领取养老金，还可另行购买商业保险作为补充。

88. 怎样参加城乡居民基本养老保险？怎样领取养老金？

2014 年，国务院印发《关于建立统一的城乡居民基本养

城乡居民养老保险待遇。由基础养老金和个人账户养老金构成，支付终身。**基础养老金最低标准**由中央确定，根据经济发展和物价变动等情况，适时调整全国基础养老金最低标准。地方人民政府可以根据实际情况适当提高基础养老金标准；对长期缴费的，可适当加发基础养老金，提高和加发部分的资金由地方人民政府支出，具体办法由省（区、市）人民政府规定，并报人力资源社会保障部备案。个人账户养老金的月计发标准为个人账户全部储存额除以139（与现行职工基本养老保险个人账户养老金计发系数相同）。参保人死亡，个人账户资金余额可以依法继承。

养老保险待遇领取条件。参加城乡居民养老保险的个人，年满60周岁、累计缴费满15年，且未领取国家规定的基本养老保障待遇的，可以按月领取城乡居民养老保险待遇。其中新农保或城居保制度实施时已年满60周岁，在《意见》印发之日前未领取国家规定的基本养老保障待遇的，不用缴费，自《意见》实施之月起，可以按月领取城乡居民养老保险基础养老金；距规定领取年龄不足15年的，应逐年缴费，也允许补缴，累计缴费不超过15年；距规定领取年龄超过15年的，应按年缴费，累计缴费不少于15年。城乡居民养老保险待遇领取人员死亡的，从次月起停止支付其养老金。

老保险制度的意见》（国发〔2014〕8号），决定合并新型农村社会养老保险和城镇居民社会养老保险，建立全国统一的城乡居民基本养老保险制度。参保范围是年满16周岁（不含在校学生），非国家机关和事业单位工作人员及不属于职工基本养老保险制度覆盖范围的城乡居民，可以在户籍地参加城乡居民养老保险。国家为每个参保人员建立终身记录的养老保险个人账户，个人缴费、地方人民政府对参保人的缴费补贴、集体补助及其他社会经济组织、公益慈善组织、个人对参保人的缴费资助，全部记入个人账户。个人账户储存额按国家规定计息。

89. 城乡居民基本医疗保险和大病保险怎么缴纳、怎么报销？

城乡居民基本医疗保险是整合原城镇居民基本医疗保险和新型农村合作医疗两项制度，建立统一的城乡居民基本医疗保险制度。所有不属于城镇职工基本医疗保险制度覆盖范围的中小学阶段的学生（包括职业高中、中专、技校学生）、少年儿童和其他非从业城镇居民都可自愿参加。保费的缴纳，城乡居民到所在地社区或村人力资源和社会保障管理服务中心办理参保手续；农村居民可以由乡（镇）政府或村委会组织集体参保；高校学术又高校统一组织办理参保手续。城乡居民大病保险是对城乡居民因患大病发生的高额医疗费用给予报销，目的是解决群众反映强烈的"因病致贫、因病返贫"问题，使绝大部分人不会再因为大病陷入经济困境。大病保险是城乡居民基本医疗保险的"附加险"，参加基本医疗保险的居民个人不需再增加缴费额就可以享受，是基本医疗保险的补充，符合大病保险规定的费用就可以报销。

两种保险均有起付线和报销比例的要求，达到保险起付标准后的、符合医保目录范围的医疗费用可以按规定比例在社会保险定点医院进行"一站式"结算报销；因特殊情况不能记账的，需要持相关资料到医保经办机构申请零星医疗费报销。各地省市均制定了具体实施方案，可详细咨询当地医保部门。

90. 农民异地就医的医药费报销要注意什么？

目前我国农民参保医疗保险大多为"新农合"，即新型农村合作医疗，农民在参保地以外的地区就医时，可以按照参保地政策要求报销一定比例的医药费。各地区具体要求有所不同，大致流程为：

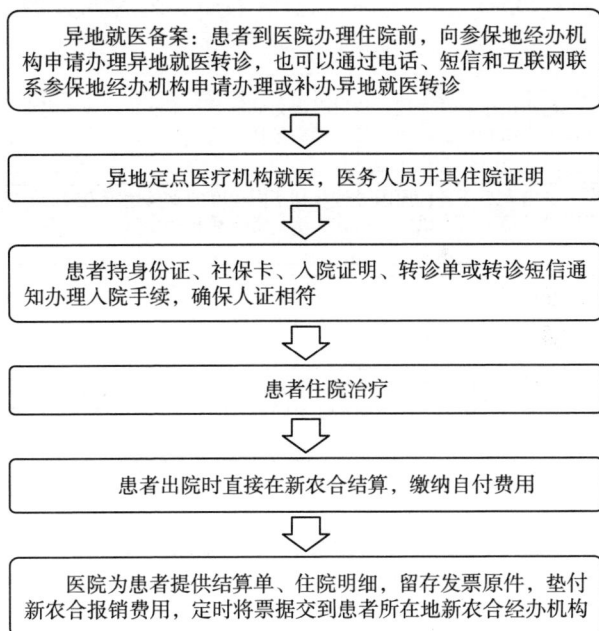

```
异地就医备案：患者到医院办理住院前，向参保地经办机
构申请办理异地就医转诊，也可以通过电话、短信和互联网联
系参保地经办机构申请办理或补办异地就医转诊
```
⬇
```
异地定点医疗机构就医，医务人员开具住院证明
```
⬇
```
患者持身份证、社保卡、入院证明、转诊单或转诊短信通
知办理入院手续，确保人证相符
```
⬇
```
患者住院治疗
```
⬇
```
患者出院时直接在新农合结算，缴纳自付费用
```
⬇
```
医院为患者提供结算单、住院明细，留存发票原件，垫付
新农合报销费用，定时将票据交到患者所在地新农合经办机构
```

需要注意的是，各地参保标准和报销比例不同，具体情况可咨询当地医保部门。

91. 什么是特困人员？如何申请社会救助？

根据 2021 年民政部印发的《特困人员认定办法》（民发〔2021〕43 号），应当依法纳入特困人员救助供养范围的：同时具备无劳动能力、无生活来源和无法定赡养、抚养、扶养义务人或者其法定义务人无履行义务能力认定条件的老年人、残疾人和未成年人。其中残疾人是指在心理、生理、人体结构上，某种组织、功能丧失或者不正常，全部或者部分丧失以正常方式从事某种活动能力的人。根据《残疾人残疾分类和分级》GB/T 26341—2010，我国残疾人残疾分为六类四级，分别是：

> 视力残疾：是指由于各种原因导致双眼视力低下并且不能矫正或视野缩小，以致影响其日常生活和社会参与。视力残疾包括盲及低视力，分为一、二、三、四级。

> 听力残疾：是指人由于各种原因导致双耳不同程度的永久性听力障碍，听不到或听不清周围环境声及言语声，以致影响日常生活和社会参与。分为一、二、三、四级。

> 言语残疾：是指由于各种原因导致的不同程度的言语障碍（经治疗一年以上不愈或病程超过两年者），不能或难以进行正常的言语交往活动（3 岁以下不定残）。分为一、二、三、四级。

> 肢体残疾：是指人体运动系统的结构、功能损伤造成四肢残缺或四肢、躯干麻痹（瘫痪）、畸形等而致人体运动功能不同程度的丧失以及活动受限或参与的局限。分为一、二、三、四级。

> 智力残疾：是指智力显著低于一般人水平，并伴有适应行为的障碍。分为一、二、三、四级。

> 精神残疾：是指各类精神障碍持续一年以上未痊愈，由于病人的认知、情感和行为障碍，影响其日常生活和社会参与。分为一、二、三、四级。

特困人员可以申请社会救助，申请及受理的一般流程如下，各地可能会略有不同：

（1）申请特困人员救助供养，应当由本人向户籍所在地乡镇人民政府（街道办事处）提出书面申请。本人申请有困难的，可以委托村（居）民委员会或者他人代为提出申请。

申请材料主要包括本人有效身份证明，劳动能力、生活来源、财产状况以及赡养、抚养、扶养情况的书面声明，承诺所提供信息真实、完整的承诺书，残疾人应当提供中华人民共和国残疾人证。

申请人及其法定义务人应当履行授权核查家庭经济状况的相关手续。

（2）乡镇人民政府（街道办事处）、村（居）民委员会应当及时了解掌握辖区内居民的生活情况，发现可能符合特困人员救助供养条件的，应当告知其救助供养政策，对因无民事行为能力或者限制民事行为能力等原因无法提出申请的，应当主动帮助其申请。

（3）乡镇人民政府（街道办事处）应当对申请人或者其代理人提交的材料进行审查，材料齐备的，予以受理；材料不齐备的，应当一次性告知申请人或者其代理人补齐所有规定材料。

另外，残疾人还有单独的"两项补贴"，即残疾人生活补贴和重度残疾人护理补贴。补贴标准各地市不同，且可能逐年变化，具体标准可咨询当地民政部门。

92. 农民如何学法、守法、用法？

在推动基层治理法治化进程中，农民是最直接的参与者和受益者。首先要树立守法意识、要有运用法律维护自身利益的意识，有办事依法、遇事找法、解决问题用法、化解矛盾靠法的自觉意识。其次要学法、知法、懂法，多参加普法活动，了解学习宪法、民法典、农村土地承包法、土地管理法、村民委员会组织法、婚姻法等与群众生产生活密切相关的法律知识，以及反家庭暴力、道路交通安全、禁毒反邪防诈骗、扫黑除恶、农民工权益保障等相关法律知识。再次遇到不懂的法律问题，自身权益受到损害时，积极寻找律师事务所、法律援助中心等专业机构的帮助，寻找最佳方案。

例如农民外出务工时，出现权益受损时采取的措施有：

（1）在职业中介机构被骗或者被用人单位侵权的，可以到当地劳动保障监察机构投诉。

（2）与用人单位发生劳动争议的，可以到当地劳动仲裁委员会申请仲裁；对仲裁结果不服的，可以向当地人民法院提起诉讼。

（3）到劳动保障部门投诉或申请工伤认定、要求支付社会保险待遇等，如果劳动保障部门有关机构推诿，或对其处理结果不服的，可以申请行政复议或向当地人民法院提起诉讼。

（4）如果遇到一些复杂的官司，对法律问题搞不懂，没钱打官司的时候，可以到当地维权中心、工会、法律援助中心等部门寻求帮助。

93. 农民驾驶、乘坐车辆应注意啥？

汽车已经成为生产生活中不可缺少的现代工具，不管是在城市还是乡村，驾驶车辆、乘坐车辆都要遵规守纪，确保生命安全。

（1）选择合法交通运输工具，拒绝乘坐非法运营车辆。

（2）禁止使用货车、三轮车、拖拉机等非客运车辆违法载人，乘客应杜绝乘坐这些车辆。

（3）驾乘车辆保障"一人一座"，拒绝乘坐超员、超载、超限等违法车。

（4）道路通行中严格落实"一盔一带"，在驾车行驶时，应主动系好安全带，并督促车上所有人员规范使用安全带。

（5）提高安全驾驶意识，不带病驾车、不开"带病车"。

（6）行人、非机动车不得进入高速公路。

（7）不得占用道路从事非交通活动。

（8）安全行驶，遵守各项交通规定，严禁酒后驾车。

94. 农民网上购物要注意啥？

网购是通过互联网检索商品信息，通过电子订购单发出购物请求，厂商或者卖家通过邮购的方式发货的一种购物方式，已经成为一种重要的购物形式。但网购也存在一些弊端，农民朋友要尤其注意以下几点：

（1）不要贪图便宜，那些便宜到离谱的商品，不是诈骗就是假货，不要买。

（2）选择大型正规购物网站，商品齐全，流程规范，购物放心。

（3）仔细识别选购的商品，通过看、问、查等方式充分了解商品性能和商家信用。

（4）择优选择支付方式，最好选择货到付款，或选择正规第三方支付平台。

（5）保留好购物记录和付款凭证，方便商品退换需要。

（6）如遇不法商家或交易有争议时，可拨打消费者热线12315 保护自己的合法权益。

95. 农民用电安全要注意啥？

随着农村的发展，农民使用的电器越来越多，用电量也逐渐加大。确保用电安全至关重要。

（1）安装、维修找供电所，不私拉乱接电线。低压线路应安装漏电保护器，合理选用熔丝（保险丝）、熔片（保险片）或熔管，严禁用铜、铝、铁丝代替。

（2）不在电线下盖房、堆柴草、打场、打井、栽树，不在电线和其他带电设备附近演出、放电影，防止触电伤人和起火。不在电线附近采石放炮，不靠近电杆挖坑或取土，不准在电杆附近挖鱼塘，不准在电杆上拴牲口，不准破坏拉线，以防倒杆断线。

（3）机动车辆行驶或在田间作业，不碰电杆和拉线。电力线、通讯线和广播线要明显分开。发现电线与其他线搭连时，要立即找供电所处理。电线断落时不要靠近，要派人看守，并赶快找供电所处理。

（4）教育儿童不玩弄电器设备，不爬电杆，不爬变压器台，不摇晃拉线，不在电线附近放风筝、打鸟，不准往电线、磁瓶和变压器上扔东西。

（5）小水泵、脱粒机等临时用电设备，不准带电移动，不准挂钩接电，不准使用破旧股线，不准使用地爬线、拦腰线。

（6）不用手摸灯头、开关、插头以及其他家用电器金属外壳。有损坏、老化漏电的，要赶快找供电所修理或更换。家用电器设备的金属外壳要妥善接地。不要带电泼水救火。

（7）不使用不合格的灯头、灯线、开关、插座等用电设备。用电设备要保持清洁完好，灯线不要过长，也不拉来拉去。

（8）若发现有人触电，千万不要用手去拉触电人，赶快拉断开关和用干燥木棍、干燥竹竿挑开电线，立即用正确的人工呼吸或胸外心脏按压法进行现场急救。

96. 农民饮食安全健康要注意啥？

老话说"病从口入"，饮食安全与人民群众的健康息息相关。农民朋友的食物从自给自足，逐渐走向品种多样化、来源多元化，许多加工制品、外来食品等，尤其要加强常识学习，确保健康安全。

（1）到正规的商场超市购买合格产品，不购买过期食品。不吃过期食品，不吃病死禽畜肉，不喝生水，少吃隔夜菜和腌制菜，生熟食品分开切制，正确清洗果蔬等。拒绝山林野味，不采食野生蘑菇，不吃陌生和不明来源的食物。

（2）均衡饮食。每天的饮食应该多样化，以谷类为主。多吃果蔬，常吃奶、豆类及其制品，常吃鱼、瘦肉、禽、蛋等。保持低脂、低糖、低盐、高膳食纤维的饮食习惯。

（3）食物搭配适当。一些食物不宜放一起吃，如牛奶和橘子同吃会使蛋白质与维 C 相结合而凝固，导致腹痛、腹胀、影响吸收。一些食物放一起吃有增益效果的，如鱼加豆腐，不仅味道鲜美又可补钙，可预防骨质疏松等。

（4）合理的烹饪方式。食物的烹饪方式不同，对食物的影响不同。油炸会产生致癌物质；焖煮会使绿叶菜中所含硝酸盐还原成亚硝酸盐致癌物质；多加醋少放碱会破坏维生素。选择合理健康的烹饪方式，为饮食健康做好铺垫。

（5）量出为入。每个人每天的体力消耗不同，根据热量的消耗来安排饭量。轻体力劳动的，如以坐姿为主的工作，热量消耗低，在均衡膳食的前提下减少碳水化合物的摄入有益健康。特别是糖尿病患者，控制饮食尤为重要。

（6）保持良好进食方式。细嚼慢咽利于消化，暴饮暴食加重胃的负担，少食多餐能降低胆固醇和低密度脂蛋白水平。还有挑食、进食时做其他事情等不良进食习惯都应该避免。注重个人卫生，饭前便后要洗手，餐具及时清洗消毒。

97. 农村家庭清洁卫生要达到哪些要求？

农村家庭环境清洁卫生为达到"门前屋后干净、院落干净、室内干净、厨房干净、厕所干净、床铺被褥干净、个人卫生干净、物件摆放规范"的要求，应做到以下几点：①室内外整洁通风；②家庭成员懂得基本的卫生防病知识和有良好的卫生习惯；③讲究饮食卫生；④碗筷灶具干净，生熟食具分开；⑤卧具干净勤洗晒；⑥家中杂物摆放整齐；⑦卫生间整洁，通风干燥；⑧无苍蝇、老鼠等；⑨养有宠物的家庭要注意宠物自身及宠物居舍的清洁卫生。

当家庭新建住房装修时，应首选绿色环保材料，不用含甲醛、重金属的漆类，含甲醛的板材，含放射性元素的石材、陶瓷制品等，确保安全。

98. 日常紧急电话有哪些？

无论是自然灾害、事故灾难，还是突发疾病，紧急情况在生活中难以避免。一旦发生，根据情况拨打以下紧急救援电话。

（1）**报警服务电话**110。拨打110时，讲清案发的时间、地点、报案人姓名及联系方式，如对案发地点不熟悉，可提供具有明显标志的建筑物、大型场所等。要保护好现场，以便民警赶到现场提取物证、痕迹。不过，遇到刑事案件、治安案件时，应首先保护好自身安全。

（2）**火警报警电话**119。拨打119时，必须准确报出发生火灾单位或家庭详细地址，包括街道名称，门牌号，周围易识别的建筑或其他明显标志；农村发生火灾要讲明县市、乡镇、村庄名称和具体方位；大型企业要讲明分厂、车间；高层建筑要说明楼层。说明燃烧物品（如化工原料油类等）存放位置、数量、性质、火势情况。耐心回答火警服务台的询问，待对方明确说可挂断电话时，方可挂断电话，放下电话后立即派人到主要路口接消防车。

（3）**医疗急救指挥中心电话**120。拨打120时，说明患者姓名、性别、年龄、当前所在地址、简要病情等信息。如不清楚具体地址也要说明大致方位。尽可能说明患者患病或受伤时间，如果是意外伤害需说明伤害的性质，受伤部位等情况。约定等车地点、了解救护车到达的大概时间，准备接车。调度员问清有关情况后，先挂电话，自己再挂断电话。

（4）**交通事故报警电话 122。**拨打 122 时，准确报出事故发生地点及人员、车辆损坏、人员受伤等情况。在交警到达之前注意保护现场。

99. 农村传染病防控要注意啥？

传染病是指由病原微生物感染人体后产生的有传染性、在一定条件下可造成流行的疾病，尤其是近年来肆虐全球和我国的新冠肺炎，更加凸显农村传染病防控的重要性。传染病的防控工作主要包括管理传染源、切断传播途径、保护易感人群。

（1）**管理传染源。**根据《中华人民共和国传染病防治法》规定传染病分为甲类、乙类和丙类，要早发现早报告。对接触者，应按具体情况分别采取措施，密切观察，并适当做药物预防或预防接种。

甲类传染病包括：1.鼠疫；2.霍乱	城镇要求发现后2小时内通过传染病疫情监测信息系统上报，农村不超过6小时。
乙类传染病有：艾滋病、病毒性肝炎、脊髓灰质炎、人感染高致病性禽流感、麻疹、狂犬病、肺结核、淋病、疟疾等。	城镇要求发现后6小时内上报，农村不超过12小时。
丙类传染病有：流行性感冒、流行性腮腺炎、风疹、麻风病等。	要求发现后24小时内上报。
注：水痘不在甲乙丙三类传染病中，但也需要疾控中心对其进行监测管理。	

（2）**切断传播途径。**对各种传染病，尤其是消化道传染病，切断传播途径通常是起主导作用的预防措施。其主要措施包括隔离和消毒。一是隔离，将病人或病原携带者妥善地安排在指定的隔离单位，暂时与人群隔离，积极进行治疗、护理，

并对具有传染病的分泌物、排泄物、用具等进行必要的消毒处理，防止病原体向外扩散的医疗措施。对由病人的飞沫和鼻咽分泌物经呼吸道传播的疾病，如传染性非典型肺炎、流感、麻疹、流脑、肺结核等，应做呼吸道隔离，常见的呼吸道隔离方式包括：戴口罩，对室内空气用紫外线或消毒液消毒。对由病人的排泄物直接或间接污染食物、食具而传播的传染病，如伤寒、副伤寒、细菌性痢疾、甲型肝炎，应做消化道隔离，具体隔离措施包括：不同病种最好分室居住，同居一室时须做好床边隔离；常用治疗器械，应固定专用；护理人员须按病种分别穿隔离衣，并消毒双手。病室应有防蝇措施。对于直接或间接接触感染的血及体液而发生的传染病，如乙型肝炎、丙型肝炎、艾滋病等，应做血液—体液隔离，具体措施包括接触或可能接触血液或体液时戴口罩；防止针头、刀片等利器损伤，禁止针头回套，应放入防水、耐刺并有标记的容器内，直接焚烧或灭菌处理等。二是消毒，切断传播途径的重要措施，使用最多的是 84 消毒液喷洒消毒和紫外线照射消毒等。

（3）**保护易感人群。**保护对某种传染缺乏免疫力，易受该病感染的人群和对传染病病原体缺乏特异性免疫力，易受感染的人群。措施包括特异性和非特异性，非特异性措施包括改善营养、锻炼身体、提高生活水平等，可提高机体的非特异性免疫力。但关键还是通过预防接种提高人群的主动或被动特异性免疫力。

100. 遭遇地震、山体滑坡等地质灾害怎么办？

我国部分地区震灾严重，地震活动具有频度高、强度大、震源浅、分布广的特点。农村居住点位于山区的比重大。同时建筑高度较低，但多砖混结构，甚至土木结构，稳定性弱，地震、山体滑坡等地质灾害带来的损害更大。首先，从防御的角度，让农村居民了解自我保护和救护的常识。其次，当感到地震时，应尽快离开房屋，跑到开阔、空旷的地方，避开变压器、电线杆、路灯等高大危险物。如果来不及逃离就快速找墙根或墙的拐角处蹲下来抱头躲避，或者找最小的房间或卫生间躲起来，迅速伏地趴下，尽量蜷曲身体，降低身体重心，低头，用衣服枕头等护住头颈，不要压住口鼻，或抓住身边牢固的物体，防止摔倒或身体移位。等到地震间隙，立刻撤离房间，以免余震的加害。

山体滑坡和泥石流是山区常见的地质灾害。遭遇山体滑坡和泥石流时，应立刻跑离事发地，切勿贪恋财物，切勿沿沟谷往下跑，切勿顺着滑坡方向跑，应朝着垂直于滚石方向前进的方向跑，若无法急需逃离时，可以躲在坚实的障碍物下或爬上屋顶、大树等固定物体，暂时避险，等待救援。

参 考 文 献

李明玉，康长胜，王艳霞，2021. 乡村振兴政策与实践［M］. 北京：中国农业科学技术出版社.

农业农村部规划设计研究院，2019. 图说离不开的小空间：农村厕所的故事［M］. 北京：中国农业出版社.

王忠海，2015. 粮食安全干部读本［M］. 北京：人民出版社.

周洋宇，周传均，2015. 美丽乡村建设 100 问［M］. 北京：中国农业科学技术出版社.

图书在版编目（CIP）数据

宜居宜业和美乡村建设百问百答 / 龚芳等主编 . —
北京：中国农业出版社，2023.12
　　ISBN 978-7-109-31629-4

　　Ⅰ . ①宜… 　Ⅱ . ①龚… 　Ⅲ . ①城乡建设－研究－中国
Ⅳ . ①F299.21

中国国家版本馆 CIP 数据核字（2024）第 018479 号

中国农业出版社出版
地址：北京市朝阳区麦子店街 18 号楼
邮编：100125
责任编辑：丁瑞华　黄　宇
版式设计：杨　婧　责任校对：史鑫宇
印刷：中农印务有限公司
版次：2023 年 12 月第 1 版
印次：2023 年 12 月北京第 1 次印刷
发行：新华书店北京发行所
开本：850mm×1168mm　1/32
印张：5
字数：130 千字
定价：29.00 元